本专著获西安石油大学优秀学术著作出版基金资助、
西安石油大学油气资源经济管理研究中心资助

农村地区金融排斥研究

李春霄 著

中国社会科学出版社

图书在版编目（CIP）数据

农村地区金融排斥研究／李春霄著 . —北京：中国社会科学
出版社，2016.3
ISBN 978 - 7 - 5161 - 7681 - 8

Ⅰ.①农…　Ⅱ.①李…　Ⅲ.①农村金融—研究—中国
Ⅳ.①F832.35

中国版本图书馆 CIP 数据核字（2016）第 037620 号

出 版 人	赵剑英	
选题策划	刘　艳	
责任编辑	刘　艳	
责任校对	陈　晨	
责任印制	戴　宽	

出　　版	中国社会科学出版社	
社　　址	北京鼓楼西大街甲 158 号	
邮　　编	100720	
网　　址	http://www.csspw.cn	
发 行 部	010 - 84083685	
门 市 部	010 - 84029450	
经　　销	新华书店及其他书店	

印　　刷	北京金瀑印刷有限责任公司	
装　　订	廊坊市广阳区广增装订厂	
版　　次	2016 年 3 月第 1 版	
印　　次	2016 年 3 月第 1 次印刷	

开　　本	710×1000　1/16	
印　　张	13.25	
插　　页	2	
字　　数	178 千字	
定　　价	50.00 元	

目　录

第一章　导论

第一节　研究背景

  党的十八大提出了 2020 年全面建成小康社会的奋斗目标。农村地区小康社会的建成是我国实现全面建成小康社会的重要组成部分，也是关键步骤，因此全面建成小康社会的奋斗目标对农村经济、社会、文化的发展都提出了新要求。党的十一届三中全会以来，我国对农村经济体制进行了大刀阔斧的改革，农村地区在经济、社会、文化等各方面都取得了巨大成就。但近年来，我国农村地区多年累积的矛盾和问题日渐突出，主要表现为：农村经济、社会发展有放缓趋势，地区经济结构不合理，城乡发展不协调；农业产业化水平较低，产供销体制不畅，综合生产能力不高，农业基础地位还不稳固；农民收入水平较低，城乡居民收入差距持续拉大，农村剩余劳动力较多且转移不畅；农村生态环境恶化的趋势尚未彻底扭转等。这些问题已成为制约我国农村经济社会进一步发展的重要因素。现阶段，在全面建成小康社会奋斗目标的指引下，全面促进我国农村地区经济、社会、文化的发展已经成为我国各级政府工作的重中之重。

  金融是现代经济的核心，经济发展离不开金融的有力支持。农村金融是农村经济发展的重要支柱，在现代市场经济条件下，农村经济发展需要农业信贷等农村金融的有力支持（钱水土、许嘉扬，2011）。农村金融发展对农村经济发展和农民收入提高具有重要作用（李锐、朱喜，2007；温涛等，2005；姚耀军，2004；禹跃军、王菁华，2011），这已经成为专家学者们的共识。长时间以来，我国实行优先发展工业和城市的发展战略，大量的农村经济资本和剩余被政府强制性地抽取到城市和工业领域，农村地区的金融产品和服务供给较少，这在很大程度上限制了农村的发展（冉光和等，2008；谢琼等，2009）。因此，要促进我国农村的全面发展，促进农村全面小康社会的建成，要求进一步加快农村金融体系的改革，充分发挥农村金融的作用。

改革开放以来，我国对农村金融体系进行了一系列改革，农村金融体系得到了一定完善与发展，已经初步建立了以中国农业银行、中国农业发展银行、农村信用社为主导的商业性、政策性、合作性金融机构相结合的农村金融体系，且中国邮政储蓄银行、新型农村金融机构也有了一定的发展，农村金融在我国农村经济社会发展中所起的作用也得到了提高。但由于金融管制的逐渐放松和社会主义市场经济的逐步建立，我国农村金融机构面对巨大的竞争压力，许多金融机构从控制风险、降低成本、提高利润等方面出发，纷纷撤并了在农村地区的金融网点，主要业务也逐步向城市转移，而且在营销目标上一般选择高收入居民，而排除低收入居民，从而使得部分低收入居民和农村地区不能获得所需要的金融产品和服务。部分群体和地区金融产品和服务缺乏这一现象被理论界称为"金融排斥"（Financial Exclusion）。

金融排斥问题自古就存在，而且世界上多数国家都面临着这一难题。关于金融排斥的研究，最早始于 20 世纪 90 年代的英美等发达国家〔加里（Gary A.，2005；2006）；英国金融服务监管局（FSA，2000）；凯普森、韦利（Kempson and Whyley，1999a；1999b）；莱申、思里夫特（Leyshon and Thrift，1993）〕。我国关于金融排斥的研究起步比较晚（高沛星、王修华，2011；何德旭、饶明，2008；胡宗义等，2012；李春霄、贾金荣，2012；田霖，2007；王志军，2007），取得的学术成果较少。那么，在我国广大农村地区到底存在不存在金融排斥？如果存在金融排斥，其程度有多深？形成机理是什么？会造成什么后果？应该怎样破解？这些问题亟待明晰。

银监会网站公布的《中国银行业农村金融服务分布图集》显示，2008年末金融服务严重不足（机构网点≤1）的乡镇有11885个，占全国乡镇总数的39%，获得贷款的农户比例仅为农户总数的28%，获得保险、基金、证券等金融服务的农户更是微乎其微（邱兆祥、王修华，2011）。由此来看，我国农村的很大一部分的金融需求还得不到满足，农村金融排斥程度是较为严重的，金融排斥的存在阻碍了金融服务的可得性〔富勒（Fuller，1998）；英国金融服务监管局（FSA，2000）〕，对农村金融在我国农村发展中发挥应有的作用具有一定的限制性。

金融排斥问题在农村地区和城市地区都存在，但在我国长期优先发展城市的政策背景下，相对城市地区而言，我国农村地区金融排斥问题更加突出，因此研究农村地区的金融排斥问题相对城市地区就显得更为急迫。现阶段，解决我国农村地区的金融排斥问题，满足农村地区的金融需求，已经成为进一步促进农村经济发展、提高农民收入、维护农村社会稳定的重要突破口。因此，研究我国农村地区面临的金融排斥问题，探讨农村金融排斥的形成机理、影响因素、影响效应和破解对策等问题就具有重要的现实意义。

第二节　研究目的和意义

一　研究目的

建立适应社会主义市场经济和新农村建设需要的农村金融体系是我国农村金融建设的重要内容，也是我国解决"三农"问题的重中之重。如何从促进农村经济社会发展出发，探索农村金融排斥的程度、形成机理、影响效应和破解对策等问题，并进一步构建既符合农村金融发展规律又与我国各地区农村特点、农户金融需求相适应的普惠型农村金融体系，是一个既需要不断探索又具有时间紧迫性的问题。我国农村金融体系的发展应遵循经济社会发展的一般规律，结合我国农村地区金融排斥的实际情况，在破解金融排斥的同时，促进农村金融体系的重构与调整，使农村金融为社会主义新农村建设服务。本书的研究目的是在系统研究已有的相关理论和文献的基础上，运用经济学、金融学和管理学的相关理论，对农村地区金融排斥问题进行系统研究，具体的研究目的主要有以下几个方面：

（1）在分析已有的研究金融排斥的国内外文献和我国农村金融现状的基础上，构建金融排斥指数，运用相关数据测度农村地区金融排斥的程度及区域差异，并通过调研数据分析农户受金融排斥的具体程度。

（2）基于对农村地区金融排斥程度的测度，分析农村金融排斥形成机理，并构建计量经济模型，分析农村地区金融排斥的影响因素和农户受金融排斥的影响因素，明确影响农村地区金融排斥程度高低和农户是否受到金融排斥的具体因素，并对其作出合理解释，为采取相应措施破解农村金融排斥提供基础。

（3）对农村地区金融排斥的影响效应进行实证检验，分析农村金融排斥的存在对农村经济增长、农民收入增长、粮食生产、农户福利等事关国家长治久安的重大的问题的影响，明确农村地区金融排斥的存在对它们的影响效应，了解金融排斥的存在是否已经对我国的经济社会产生了实质性影响。

（4）在研究农村地区金融排斥的程度、形成机理和影响效应及国外破解金融排斥的经验的基础上，研究我国农村地区金融排斥的破解对策，并进一步研究农村金融排斥破解的目标、原则、思路和保障措施，为破解我国农村地区的金融排斥问题提出政策建议。

二 研究意义

（一）理论意义

农村金融是农村经济社会发展的重要支柱，是建设社会主义新农村的重要资金来源，要促进我国农村经济发展和农民收入增长必须进一步完善我国的农村金融体系。在我国的农村金融体系发展滞后，农村资金供求不均衡，农村金融效率不高，农村金融尚不能满足农村所有人群的金融需求的背景下，对农村地区金融排斥问题进行系统的研究，其理论意义主要体现在：

（1）通过对农村地区金融排斥问题的系统研究，可以有效弥补国内外关于农村金融排斥研究的不足，对于拓宽金融排斥问题的研究范围，丰富金融排斥的研究视角，拓展和深化金融排斥理论具有重要的意义。

（2）对农村金融排斥的程度、形成机理、影响效应、破解对策等问题的系统研究，是研究我国农村金融体系发展的一个新思路，为进一步研究我国的农村金融问题提供了一定的理论基础，给农村金融问题的研究提供了一定的学术启示。

（3）对农村地区金融排斥问题的研究，可以为破解我国的农村金融排斥难题，并进一步探索农村金融体系的完善和发展，建立适应社会主义市场经济和新农村建设需要的农村金融体系提供理论支持。

（二）实践意义

建设一套完善的农村金融体系是我国农村现代化建设的重要方面，也是解决我国"三农"问题的重要途径。面对日益严重的农村资金匮乏、农村金融效率不高、农村金融供给不能满足农村金融需求等问题，对农村金融排斥问题进行系统研究，对于完善我国农村金融体系，促进我国农村经济社会的发展，建设社会主义新农村具有重大的实践意义，具体体现在以下几点：

（1）本书系统、全面研究我国农村金融排斥问题，为有效破解我国农村金融排斥难题奠定了基础。本书试图分析我国农村地区金融排斥的具体程度，并在此基础上，分析金融排斥的形成机理、影响效应和破解对策，对于了解我国农村金融排斥的具体状况，并采取相应措施破解农村金融排斥问题，优化我国的农村金融体系具有重要的指导意义。

（2）本书提出我国农村金融排斥破解思路，对我国普惠型农村金融体系的构建具有实践指导价值。通过研究农村金融排斥问题的破解对措，对于指导我国农村金融体系的调整与重构，整合农村金融现有资源，提高农村金融效率，协调农村金融机构的发展，拓展农村金融业务，建成普惠型农村金融体系，促进农村金融体系在社会主义新农村建设和农村地区全面建成小康社会具有一定的实践意义。

第三节　国内外研究动态综述

一　国外研究动态综述

（一）关于金融排斥概念的研究

关于金融排斥的研究始于金融地理学的研究。研究金融地理学的最早的文献出现于 20 世纪 50 年代 ［米达尔（Myrdal，1957）］，关于金融地理学的研究主要集中于金融发展与地理环境的关系以及运用地理学理论分析和研究金融发展问题。1993年，英国金融地理学家莱申和思里夫特（Leyshon and Thrift）在研究金融地理学时首先提出金融排斥的概念。莱申和思里夫特（1993，1994，1995）在研究过程中发现三个问题：第一是收入较低的贫苦人群大多居住在城市郊区或农村地区；第二是金融机构关闭了大量在城市郊区和农村的营业网点，向城市中心聚集；第三是低收入的贫苦人群缺乏必要的交通工具。这三个问题使得贫苦人群在从金融机构获取产品和服务过程中遇到困难。因此，由于地理因素，金融机构将很多贫苦人群排斥在金融服务的范围之外，贫苦人群在获得金融产品和服务的过程中遇到困难，他们将这种现象定义为金融排斥，随着研究的深入，莱申和思里夫特（1995）将金融排斥定义为贫困阶层和社会弱势群体由于远离金融服务机构及其分支机构而被排斥在主流金融服务之外。

金融排斥被提出后，逐渐为专家学者们所重视，一些专家学者开始关注和研究金融排斥问题。凯普森和韦利（1999）拓展了金融排斥的概念，提出了金融排斥的六维评价标准，分别是地理排斥（Physical Access Exclusion）、条件排斥（Condition Exclusion）、评估排斥（Access Exclusion）、营销排斥（Marketing Exclusion）、价格排斥（Price Exclusion）和自我排斥（Self‐exclusion），金融排斥是这六个维度共同作用的结果。现阶段，六维评价标准已经成为国内外研究金融排斥的主流评价标准。克鲁克韦佐夫（Gloukoviezoff，2006）认为地理排斥仅仅是金融排斥的一个方面，需求者面临的最严重的金融排斥是在金融产品和服务使用方面。因此，克鲁克韦佐夫将金融排斥定义为个体在获得或使用金融产品或服务方面遭遇困难，以至于他们不能进行正常的社会生产和生活。克鲁克韦佐夫的观点得到学术界的普遍认可，金融排斥逐渐被定义为个体获得和使用金融产品及服务时遇到困难，以至于他们的正常生活受到影响。澳新银行（ANZ，2004）从人群的角度对金融排斥进行了界定：受到金融排斥的人群有获得和使用金融产品及服务的能力，但却不能正确地选择金融产品及服务，这类人群实际上也是金融排斥的牺牲者，如果不能为该类人群提供有效的金融信息和指导，他们并不能从金融发展中提升相应的福利水平。

随着研究的进一步深入，陈颖嘉（Sherman Chan，2004）将金融排斥界定为，人们在金融体系中缺少分享金融服务的一种状态，主要包括社会中的某些弱势群体由于缺少足够的途径和方式而无法接近金融机构，或者在利用金融产品或服务方面存在困难和障碍。欧盟委员会（European Commission，2008）认为金融排斥是人们在从主流金融体系中获取和使用能够满足他们需要的，并确保他们能过上所在阶层的正常生活的金融产品和服务时遇到困难的一个过程。他们认为金融排斥应包含需求方面的因素、供给方面的因素以及自我排斥。

（二）关于金融排斥的原因的研究

关于金融排斥产生的原因，专家学者们做了大量的研究。由于地理因素引起金融排斥被首先观察到，所以由于金融机构撤并引起了贫困人群因不能到达金融机构，从而不能使用金融产品和服务，造成金融排斥，这种引起金融排斥的原因已经被专家学者们所普遍接受（凯普森、韦利，1999；莱申、思里夫特，1993）。康诺利和哈扎伊（Connolly and Hajaj，2001）认为，从20世纪90年代开始，在澳大利亚的农村以及生活条件较差的城市贫民窟地区的金融机构关闭的速度快速上升，金融机构的关闭在很大程度上降低了这些地区居民的金融产品和服务的可获得性，居民获得不了金融产品和服务就受到了金融排斥。

辛克莱（Sinclair，2001）指出，金融机构在经营过程中会采取资金向信用品质较佳的客户转移的经营策略，基于这一经营策略，金融机构会不断开发和细化面向富裕阶层的金融产品和服务，而忽视对贫困阶层提供产品和服务，这就会造成金融排斥。卡尔博等（Carbo et al.，2005）也认为适合贫困阶层需求的金融产品和服务并没有得到金融机构的重视，而金融机构能够提供的金融产品和服务并不适合贫困阶层的需求，从而使贫困阶层的金融需求得不到满足，产生了金融排斥问题。他们在研究过程中认为金融排斥与其说是指居民获得金融产品及服务的能力被限制，不如说是指居民获得金融产品及服务的正确性及可承受性得不到满足。金融机构在经营过程中不断追求更加优质的客户资源，使得金融机构在产品和服务的营销过程中对某类人群特别进行了主观忽略从而引起了金融排斥（凯普森、韦利，1999）。凯普森和韦利认为，贫困阶层对金融机构而言缺乏吸引力，因为这一阶层的需求能力和消费能力有限，致使针对贫困阶层的金融产品及服务的利润很小甚至没有利润，在追求更高利润的驱使下，金融机构就减少了对贫困阶层的金融产品和服务的供给，从而引起金融排斥。

凯普森等（2005）提出了著名的银行费用贫困陷阱问题，认为贫困居民由于收入低、信用评级困难等原因，往往不被金融机构在营销过程中所青睐，因此金融机构在向该类人群提供金融产品和服务的过程中往往会加收更高的费用或提高进入门槛，而金融机构的这一策略会导致已经受到金融排斥的贫困阶层的金融排斥状况更加恶化，并陷入恶性循环的陷阱。

随着科技水平的提高，信息技术等一系列高科技逐渐被应用到金融产品和服务中，而部分人群因为对信息技术不了解或不拥有某项设备，而使其不能使用某些金融产品和服务。莱申和思里夫特（1995）的研究认为，因为信息系统和数据库的广泛应用，使得金融机构将客户资源划分得更加详细、具体，而有些不满足条件的客户就不能成为金融机构的服务对象，从而引起金融排斥。麦克唐纳（McDonnell，2003）研究发现，许多居民和团体因为不会使用新技术和设备，而不得不依靠传统的面对面的金融服务，这在一定程度上使这些居民受到了金融排斥。

凯普森和琼斯（Kempson and Jones，2000）认为居民的自我排斥也是引起金融排斥的重要原因，虽然居民对金融产品和服务有需求，但由于曾经在申请该产品和服务的过程中有被金融机构拒绝的经历，或者对该金融产品和服务不了解以及听说很难获得该金融产品或服务，从而主动放弃向金融机构申请使用该产品或服务，造成金融排斥。自动放弃使用金融产品和服务可能是由于宗教信仰、文化习惯、不愉快的金融经历、不需要金融服务或者是依靠亲戚朋友间接使用金融服务引起的，相关论述见贝克等（Beck et al.，2007）、钱特·林克（Chant Link，2004）、科尔（Corr，2006）、麦克唐纳（2003）。而金融知识对于居民的生活、工作等各个方面越来越重要，而金融知识的欠缺往往与低教育水平、低收入、不被雇佣和不熟练的工人等联系在一起。金融知识的水平是影响居民能否获得金融产品和服务的重要因素［吉普森（Gibson，2008）；罗伊摩根（Roy Morgan，2003）］。大量的调查表明，大批的贫困居民因为金融知识的欠缺，而不能从主流金融体系获得需要的金融产品和服务（麦克唐纳，2003），从而引起了金融排斥。

另外，还有研究认为居民由于没有某种资源而不能获得相应的金融产品和服务，从而引起金融排斥。德富林（Devlin，2005）认为居民由于缺乏获得金融产品的某种资源，如稳定的收入等，从而导致金融排斥。科尔（2006）认为居民没有足够的可任意支配的收入而不能获得储蓄金融产品，也会造成金融排斥。

（三）关于金融排斥的影响因素的研究

在对金融排斥的影响因素的研究中，世界银行（World Bank，2008a；2008b）以全球 54 个国家为例，阐明了收入、社会地位以及交易成本在影响居民金融排斥中起主导作用。英国金融服务监管局（2000）的研究指出，经济发展、社会文化和人口特征等会对居民金融排斥程度产生影响，其中收入、社会地位、地区、种族、婚姻状态对金融排斥状况的影响较为显著，但性别和年龄本身并不能对金融排斥产生显著影响。德富林（2005）的研究表明：在英国少数族裔中，缺乏稳定收入以及没有房屋产权的人群更容易遭受金融排斥；年龄影响居民对储蓄和保险获得的难易程度，如 16～25 周岁的人群相比于其他人群在储蓄和保险方面更容易被金融部门排斥，但年龄对现金账户的影响并不明显。

贺加斯和奥唐纳（Hogarth and O'Donnell，2000）指出，性别、净收入、年龄、家庭人口数会对居民获得某种金融产品的难易产生影响。一般而言，相对于男性，女性具有更强的风险规避倾向［加纳科波罗斯和贝尔纳谢克（Jianakoplos and Bernasek，1998）］，其实，女性的风险规避倾向可能并不是与生俱来的，而是男女间不同的年龄、财富状况、家庭状况和收入水平等因素造成的［克里斯蒂安森等（Christiansen et al.，2009）］。因此，金融机构在选择风险性金融产品和服务的服务对象时会更加青睐男性，而在选择无风险金融产品和服务对象时会更加青睐女性。家庭资产、收入和认知能力同样会影响居民的金融受排斥状况［艾米瑞可斯和德斯（Ameriks and Zeldes，2000）］。

普瑞和罗宾逊（Puri and Robinson, 2007）的研究表明，乐观程度越高的居民，越对未来不确定的前景充满希望，就越愿意承担金融产品和服务的成本及其中的风险，金融机构越愿意向他们提供金融产品和服务。此外，贺加斯和奥唐纳（2000）研究发现，在美国，低收入人群是否拥有银行账户是这些人群获得其他金融服务的基础，银行账户是居民获得信贷和储蓄等金融服务的重要影响因素。

杰瑞·巴克兰和韦恩·辛普森（Jerry Buckland and Wayne Simpson, 2008）的研究表明，在加拿大，收入、年龄、负债、受教育程度、家庭人口数、是否拥有房屋产权显著影响着居民金融受排斥状况。在意大利，较高的受教育程度会使居民更容易理解金融机构的产品和服务，金融机构在向这些人提供金融产品和服务中所需要的成本就越低，因此金融机构会将受教育程度高的居民作为其产品和服务的首选客户［吉索等（Guiso et al., 2008）］。克莱森斯（Claessens, 2006）指出，收入、财富、受教育程度、对金融机构的信任、储蓄能力在解释居民金融受排斥状况方面起了重要作用。威尔金斯等（Wilkins et al., 2009）指出，房产是居民在从金融机构获取金融产品和服务时最理想的抵押品之一，如果房产抵押市场是健全和完善的，那么有房产居民的金融排斥状况可能会较轻。

（四）关于金融排斥的后果和破解措施的研究

关于金融排斥的后果，英国金融服务监管局（2000）的研究指出，金融排斥的存在会对区域经济社会产生严重的影响。在金融排斥严重的地区，由于金融排斥的存在会对该地区造成经济发展滞后、贫困、收入分配不均等许多经济社会问题，严重影响地区的发展和稳定（莱申、思里夫特，1995）。加德纳等（Gardener et al., 2004）也认为，由于金融排斥的存在，并随着金融排斥程度的不断加深，由金融排斥所带来的社会经济问题会越来越严重。英国金融服务监管局（2000）的研究还指出，金融排斥与收入关系密切，金融排斥的存在对居民的收入具有重要影响，由于缺乏必要的金融产品，居民不能得到生活中所需要的金融产品会严重影响其收入水平的提高和生活水平的提高。

关于金融排斥的破解措施的研究，英国财政委员会（Treasury Committee，2005；2006）的研究认为，金融排斥是社会排斥的一部分，因此政府应该在降低金融排斥中起重要作用，政府应该引导金融机构采取相应措施破解金融排斥。英国财政部（HM Treasury，2004）的研究指出，英国政府为提高金融包含度，破解金融排斥，采取了几方面的措施，主要是减少没有银行账户的人数、为加强政府与其他商业部门的合作提供更多的金融产品、为需要金融产品和服务的人群提供必要的咨询答疑服务，这在一定程度上缓解了英国的金融排斥问题。华莱士和魁里加（Wallace and Quilgars，2005）认为要破解金融排斥，应该由政府、私人部门和第三方共同完成。银行、社区金融组织、企业和个人等在破解金融排斥中所起的作用，应该作为破解金融排斥的关键力量，而政府并不是关键力量［皮奇、罗伊（Peachey and Roe，2004）］。得森（Dayson，2004）的研究指出，破解金融排斥应加强各金融机构之间的协作，加强对居民的金融知识的培训和教育并提供相应的咨询服务，促进信用组织与咨询服务组织的合作，提高信用组织和咨询服务组织在破解金融排斥中的作用。

二 国内研究动态综述

（一）关于金融排斥概念的研究

我国关于金融排斥的研究起步较晚，金雪军和田霖（2004a，2004b，2004c）、武巍等（2005）较早对金融排斥问题进行了介绍。近年来，随着金融排斥问题的凸显，国内关于金融排斥问题的研究也越来越多。在研究过程中，专家学者们对金融排斥概念虽然都做了界定，但目前还没有给出一个统一的结论。徐少君和金雪军（2009）认为可以从两个方面对金融排斥进行定义：一种是从广义的视角将金融排斥定义为阻碍贫困群体、贫困地区接触金融服务系统的一种过程；另一种是从狭义的视角将金融排斥定义为缺少贷款、储蓄、保险等某一特定的金融产品或服务。国内的专家学者在定义金融排斥的过程中普遍采用这两个不同的视角。

王志军（2007）认为金融排斥是指社会中的某些群体没有能力进入主流金融体系，没有能力以恰当的形式获得必要的金融产品和服务。祝英丽等（2010）认为金融排斥是在主流金融市场中一部分地区被排斥在金融机构的服务对象之外，即一部分地区由于多种原因而出现的金融机构缺乏和金融服务缺少的现象。王修华等（2009）的研究认为金融排斥是在金融体系中人们缺少分享金融产品和服务的一种状态，主要包括社会中的某些弱势群体缺少足够的途径或方法接触金融机构，并在利用金融产品或服务中存在障碍和困难。隋艳颖等（2010）认为金融排斥是指经济主体被主流金融排斥，且金融排斥是社会排斥的一个子集。李涛等（2010）认为居民没有储蓄、贷款、保险、基金等金融产品就在一定程度上受到了金融排斥。

（二）关于我国金融排斥程度的研究

关于我国金融排斥状况的研究，李涛等（2010）分析了中国城市居民的金融受排斥状况。他们指出，中国城市居民在储蓄、基金、保险、贷款等方面存在着严重的金融排斥状况，即他们不能以恰当合理的方式获得这些金融服务。高沛星和王修华（2011）在省际数据的基础上，利用变异系数法对我国农村地区金融排斥的区域差异进行了定量分析，并对我国农村金融排斥区域差异的主要影响因素进行了分析。研究结果表明，我国农村金融排斥指数从 0.91 跨度到 0.39，区域差异明显。许圣道和田霖（2008）对我国农村地区金融排斥的空间差异进行了研究，研究发现，我国各省的农村金融排斥状况具有较大的差异。

王修华和邱兆祥（2010）以金融排斥的主流的六维评价体系为标准，构建了相应的指标体系，对我国农村地区的金融排斥状况进行了分析，同时鉴于中国地域广阔、各地区农村差异较大，还对农村金融排斥的区域差异进行了比较分析，在此基础上提出了政府要进行合理干预、处理好农村金融公平与效率之间的关系、协调好涉农金融机构盈利诉求与社会责任之间的关系、推进农村金融产品和服务创新等破解农村地区金融排斥的政策措施。田霖（2011）分析了我国金融排斥的城乡二元性特征，并从城乡互动耦合的新角度进一步分析和探讨了金融排斥的诱致要素和空间差异，在构建城乡金融排斥二元性指数的基础上，利用模糊曲线法证实各诱致要素的复合因果关系及贡献弹性差别，研究发现，我国金融排斥的城乡二元性特征非常明显。田霖（2007）利用主成分、因子和聚类等定量分析方法建立了排序选择模型，对我国金融排斥空间差异的影响要素进行了分析。田杰和陶建平（2011）构建了金融排斥指数，对我国 1578 个县的农村金融排斥状况做了测度，并对农村金融排斥对城乡收入差距的影响做了测度，研究发现，农村金融排斥的上升会扩大城乡收入差距。

针对金融排斥的程度，部分学者还从金融排斥的反面对其进行了具体测度。如王伟等（2011）构建了金融包容性指数，并通过测度金融包容性指数对我国各省区的金融排斥程度进行了测度，研究发现，全国 31 个省区中，9.7% 的省区金融排斥程度较低，54.8% 的省区金融排斥程度较高，其余省份遭受到了中等程度的金融排斥。

（三）关于我国金融排斥产生原因的研究

关于金融排斥的产生原因，国内的专家学者对此做了大量的研究。王志军（2007）在总结英国金融排斥状况的基础上，提出金融服务市场的市场性失灵是我国存在的金融排斥现象的主要原因。高沛星和王修华（2011）的研究认为形成我国农村金融排斥区域差异的主要影响因素包括收入因素、金融效率因素、就业因素和农业化水平。田霖（2011）从城乡互动耦合的新角度进一步分析和探讨了金融排斥的诱致要素和空间差异。在构建城乡金融排斥二元性指数的基础上，利用模糊曲线法证实各诱致要素的复合因果关系及贡献弹性差别。研究结果表明，技术、收入、教育等各要素对城乡金融系统的作用渠道及影响强度不同，因此其金融包容措施应各有侧重。刘军荣（2007）从银行流动性偏好和银行发展各阶段的经营方式及组织变化等方面讨论了银行对"边缘借款人"金融排斥的内在原因，认为"边缘借款人"融资困难的原因主要是由于银行采取不同的信用评价标准对客户进行筛选，同时银行的组织结构和运作方式的变化也会使"边缘借款人"和银行之间形成空间性和组织性的障碍。祝英丽等（2010）分析了我国中部地区金融排斥存在的原因，研究发现，中部地区金融排斥的原因主要是中部地区经济基础薄弱、银行业制度变迁、银行企业转型等。何德旭和饶明（2008）运用金融排斥理论对我国农村地区金融市场的供求失衡状况进行了分析。

徐少军和金雪军（2009）在实地调查的基础上，利用Probit模型和Logit模型对农户金融排斥的影响因素进行了研究，他们构建的金融排斥的影响因素体系包括收入、社会阶层、性别、年龄、受教育程度、雇佣状态、家庭状态、种族、家庭成员数、住房拥有状态、所处地区等指标。实证研究发现，农户收入、受教育程度对金融排斥中的储蓄排斥、贷款排斥、保险排斥等具有显著的负作用，家庭规模对金融排斥具有显著的正影响，而户主年龄、就业状态、耕地面积等因素对金融排斥的影响较小。李涛等（2010）基于2007年对我国15个城市的居民的调查数据，对我国城市居民的金融受排斥状况进行了研究，他们认为居民的性别、年龄、婚姻状况、受教育程度、健康状况、家庭结构、宗教信仰、种族、政治面貌等社会人口学特征会对其受金融排斥状况产生影响；居民的收入、家庭资产、家庭负债、信贷约束等经济财富特征也会影响其受金融排斥的状况；而居民的信任度、乐观度、风险态度、社会互助程度等因素同样也会对其受金融排斥的状况产生影响，通过Probit模型实证分析发现，我国城市居民在储蓄、基金、保险、贷款等不同金融服务的排斥状况有着不同的影响因素。王伟等（2011）对我国金融排斥的空间差异和影响因素进行了分析，在研究金融排斥的影响因素时，他们构建了民族差异、地理特征、各省份人口年龄构成、人均收入、就业状况、金融知识、商业文化环境等影响因素指标体系，并运用Tobit模型对各指标对金融排斥的影响进行了实证分析，研究发现金融排斥程度的影响因素主要包括人口年龄结构、地理特征、人均收入和商业文化环境。

（四）关于金融排斥的后果和破解措施的研究

关于金融排斥的后果和破解措施，王晓颖（2007）认为农民贷款难是阻碍农民增收、农业增产的一个重要原因，以我国农村存在严重的信贷配给为落脚点，以社会排斥为视角，从经济领域的排斥、制度安排的排斥和政策法规的排斥等方面入手，对中国农村地区小额信贷的发展困境进行了分析，并提出了相应的对策建议。隋艳颖等（2010）以对农民工创业意愿调查的结果为依据，分析了制约农民工创业的金融排斥现象。通过对调查对象的选择结果进行统计和分析，得出户籍与农民工创业风险是农民工受到地理排斥、条件排斥、价格排斥、营销排斥、评估排斥和自我排斥的主要原因。因此，可以通过改革农村土地金融制度，提高向农民工提供金融产品和服务的金融机构的风险补偿标准、进一步发展小额贷款等方法破解金融排斥现象。

徐哲（2008）分析了我国金融排斥的形成、影响及对策。认为受到金融排斥的人群通常也无法获得其他社会服务，因此，金融排斥也是一个社会性的问题。金融排斥在一定程度上会导致社会的两极分化，从而引发"马太效应"（即贫者愈贫，富者愈富的经济学道理）。他从六个方面分析了我国金融排斥现象及其原因，并从六种排斥的内在联系、金融排斥决定着金融机构的结构、金融资源的分布不均与区域发展不平衡三个方面分析了金融排斥的影响，最后从微观和宏观两个方面提出了改善我国金融排斥状况的对策。

李涛等（2010）的研究认为，维护和增进中国居民的福利需要解决他们的金融排斥问题，这需要有关机构采取措施来增加居民的家庭资产积累、改善居民在获得金融服务时的社会结构以及保证居民有一定的储蓄存款。高沛星和王修华（2011）认为，缓解我国农村金融排斥及其区域差异应从成因及影响因素切入，因地制宜地采取相关措施。王修华和邱兆祥（2010）认为，破解我国农村地区的金融排斥要采取以下措施：政府要进行合理干预、要处理好农村金融公平与效率之间的关系、要协调好农村金融机构盈利诉求与社会责任之间的关系、要进一步推进农村金融产品和服务方式的创新。隋艳颖和马晓河（2011）认为政府在采取措施破解金融排斥时，要对受到不同金融排斥的农牧户进行分类并区别对待，而且消除金融机构与农牧户之间的信息不对称，降低金融市场的交易成本是缓解和改善农牧户受金融排斥状况的重要途径。马九杰和沈杰（2010）认为要破解金融排斥，增进农村金融的普惠性，需要加强农村金融基础设施建设，缓解农村金融地理可及性障碍，需要创新金融服务机制，逐步解决农户的贷款难的问题，如抵押品的替代策略和扩展策略。

三 国内外研究动态评述

通过以上的分析可以看出，国内外专家学者对金融排斥问题的研究已经取得了较为丰富的成果。总体来看，国外对金融排斥的研究已经形成比较系统的体系，但是国内对金融排斥的研究起步较晚，相关文献并不多。国内外专家学者关于金融排斥的研究，提出了较为明确的金融排斥的概念，构建了较为科学的分析维度，并且对金融排斥的影响因素、破解措施等也进行了一定研究，为本书提供了很好的基础，本书在研究过程中将充分学习借鉴已有的研究成果，并争取为深化金融排斥理论做出应有贡献。

综合国内外的研究来看，无论是国外还是国内的研究均还存在一定的局限性，主要表现在以下几点：（1）现有的关于金融排斥的研究多数以宏观统计数据为基础，国外的研究主要以统计数据研究一个国家的金融排斥状况或这个国家所有居民的受金融排斥的状况，国内的研究主要是利用统计年鉴的数据对我国各省金融排斥状况进行分析，鲜有文献对金融排斥状况进行微观分析。众所周知，被金融排斥的主体是居民个人，而居民个人的特征是千差万别的，千差万别的居民中哪些会受到金融排斥是值得进行深入研究的。（2）国外关于金融排斥的研究多针对所有居民或城市居民，专门针对农村居民受金融排斥的研究较少，国内关于金融排斥的研究中对农村金融排斥的研究较多，但所采用的方法大同小异，所得出的结论也有一定的相似之处，重复性工作较多，而创新性的工作较少，这就使得有必要进一步对农村金融排斥进行研究。（3）国内关于农村金融排斥的研究多是以省为单位进行的，较少从县域的视角和农户的视角对农村金融排斥进行分析和研究。我国各县之间的经济社会发展不平衡，农户获取金融服务的能力也有较大区别，因此有必要从县域和农户的视角对我国农村金融排斥的形成机理、影响效应和破解对策进行研究。（4）已有的文献中对农村金融排斥的破解措施方面的研究，多数都是从政府的角度出发的，鲜有文献从金融机构的角度研究农村金融排斥的破解问题。农村金融机构是农村金融体系的支柱，只有农村金融机构采取切实有效的措施解决农村金融排斥问题，才能从深层次破解农村金融排斥，因此解决农村金融排斥问题需要对我国农村金融体系的调整与重构进行研究。

农村金融发展对于推动我国农村经济社会发展具有重要意义，因此研究我国农村地区的金融排斥问题，对于丰富我国的农村金融理论，推动农村金融体系的发展具有重要意义。陕西省在我国各省中发展较为落后，而且鲜明地分为陕北、关中、陕南三个自然地理、经济发展等特征鲜明的地区，可以看作是我国农村地区的一个缩影，所以以陕西省为例研究农村地区的金融排斥问题，既能从较为微观的角度探讨农村金融排斥问题，又能从一定层面上反映我国农村地区金融排斥的具体状况。因此，本书选择陕西省为研究基点，对农村地区金融排斥的程度、形成机理、影响效应和破解对策进行研究和探讨就显得必要和有意义。

第四节　研究思路和方法

一　研究思路

本书是以经济学、金融学、管理学等相关学科为基础，在系统分析已有的文献、理论、研究成果和农村地区金融体系发展现状的基础上，首先，确定衡量金融排斥的维度，并构建金融排斥指数，运用相应指标体系测度省际农村地区金融排斥的程度和陕西省县域农村金融排斥的程度，并通过实地调查数据分析农户受金融排斥的程度；其次，分析农村金融排斥的形成机理，判别农村金融排斥省际差异的影响因素、农村金融排斥县域差异的影响因素和农户受金融排斥的影响因素，界定哪些因素会影响农村地区金融排斥的高低；再次，通过对农村金融排斥的存在对农村经济增长、农民收入增长、粮食生产、农户福利以及农村金融机构的影响效应的研究，判断农村金融排斥的存在到底对农村经济社会发展带来哪些影响；最后，在分析国外破解金融排斥的经验的基础上，分析农村地区金融排斥破解的目标、原则、思路和保障措施，为破解农村地区金融排斥提出政策建议。本书的研究思路和技术路线图如图1—1所示。

二 研究方法

本书在系统研究有关农村金融的相关文献、报告、法律法规等的基础上，以翔实的数据和资料为基础，参考发展经济学、制度经济学、福利经济学、计量经济学、货币银行学、金融市场学等相关学科的研究成果与分析方法，对农村地区金融排斥的程度、形成机理、影响效应和破解对策等问题进行研究。运用的研究方法主要有：

（1）规范分析与实证分析相结合。在借鉴已有研究成果和相关研究文献的基础上，对金融排斥和农村金融的相关概念进行界定，运用规范分析的方法提出本书的技术路线，为实证研究提供理论依据；并在实证研究的基础上，提炼结果和结论，提出破解农村地区金融排斥问题的目标、原则、思路和保障措施。实证分析方法是本书运用的主要研究方法。通过构建

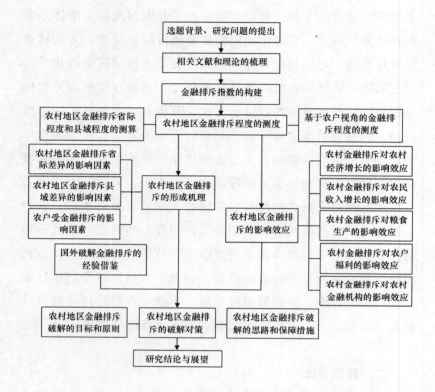

图 1—1　研究思路和技术路线

金融排斥指数，构建相应指标体系，对农村地区金融排斥的省际差异和县域差异进行测度；通过 Tobit 回归模型，分析农村金融排斥省际差异和县域差异的影响因素，并运用 Probit 回归模型分析农户受金融排斥的影响因素；运用柯布—道格拉斯生产模型分析农村金融排斥对农村经济增长的影响效应，运用面板数据模型分析农村金融排斥对农民收入增长和粮食生产的影响效应，运用多元回归模型分析农村金融排斥对农户福利的影响效应。

（2）问卷调查和实地访谈方法。以陕西省为例，通过对陕西农村地区农户农村金融服务的一对一的入户访问形式的实地调查，了解农户的家庭状况、收入状况、使用金融产品和服务的状况等，为基于农户视角研究和探讨农村金融排斥问题提供第一手资料，并运用这些资料分析农户受金融排斥的程度、影响因素和农户是否受金融排斥对其福利的影响等问题。

（3）比较分析法。通过对美国、英国、澳大利亚、孟加拉国等国家金融排斥的程度及破解政策的对比，探讨破解农村金融排斥的一般规律，借鉴国外经验，提出我国破解农村金融排斥的目标、原则、思路和保障措施。

第二章 概念界定及基础理论分析

金融排斥的研究开始于 20 世纪 90 年代，通过已有文献的分析发现，当前关于金融排斥的研究尚处于起步阶段，金融排斥的理论，特别是金融排斥的测度标准、形成机理、破解对策等理论都不是很明晰。而农村金融作为金融体系中特殊的组成部分，关于农村金融排斥的理论体系更是不完善。因此，本书要对农村金融排斥相关问题进行研究，应该首先对相关理论基础进行分析，对与金融排斥密切相关的理论和概念进行分析和界定，为后续的研究奠定基础。

本章对研究农村金融排斥问题的理论基础进行了分析。首先对金融排斥、农村金融、普惠型农村金融等相关概念进行界定，其次对金融发展理论、金融抑制和金融深化理论、金融约束理论、农村金融发展理论等相关基础理论进行分析，为本书对农村地区金融排斥的程度、形成机理、影响效应、破解对策等相关问题的研究与探讨提供理论基础。

第一节 相关概念界定

一 金融排斥

1993 年，英国金融地理学家莱申和思里夫特在研究金融地理学时提出了一个新的名词"Financial Exclusion"，国内的专家学者在引入这个名词时，将其译为金融排斥、金融排除或金融排异。随着对这一理论研究的深入，将其称为"金融排斥"的专家学者和文献较多，因此本书也将其称为"金融排斥"。

关于金融排斥的概念，目前还没有统一的定论，国内外的专家学者们普遍认为金融排斥是人们缺少享受和使用金融产品和服务的一种状态。在研究过程中，普遍被专家学者们接受的是凯普森和韦利（1999）提出的金融排斥的六维评价标准，即地理排斥、营销排斥、价格排斥、条件排斥、评估排斥和自我排斥。凯普森和韦利对这六个维度进行了定义①，他们认为：地理排斥是指金融机构地理位置的变化而引起的部分人群不能享受金融产品和服务；评估排斥是指金融机构通过风险评估程序限制了金融需求者对金融产品和服务的使用；条件排斥是指金融机构附加在金融产品和服务上某些条件使得这些金融产品和服务不能适合某些人群的需求；价格排斥是指人们无法承担他们所需要的金融产品和服务的价格；营销排斥是指有些人群被金融机构排斥在其营销目标之外；自我排斥是指人们由于曾经被金融机构拒绝、身边人已经被拒绝或认为金融机构不会向这类人提供服务等原因而放弃向金融机构提出使用和获取金

---

① 具体英文原文为：Physical Access Exclusion：exclusion caused by the changing geography of financial services provision；Access Exclusion：the restriction of access through the processes of risk assessment；Condition Exclusion：where the conditions attached to financial products make them inappropriate for the needs of some people；Price Exclusion：where some people can only gain access to financial products at prices they cannot afford；Marketing Exclusion：whereby some people are effectively excluded by targeting marketing and sales；Self – exclusion：people may decide that there is little point applying for a financial product because they believe they would be refused. Sometimes this is a result of having been refused personally in the past，sometimes because they know someone else who has been refused，or because of a belief that they don't accept people who live round here.

融产品或服务的申请。

除凯普森和韦利提出的金融排斥的六维评价标准外，澳新银行（2004）在研究过程中将金融排斥分为核心排斥（Core Exclusion）、可及性限制（Limited Access）和金融包容但金融产品不恰当（Included but Using Inappropriate Products）三个层次，其中：核心排斥是指完全被金融体系排斥在外，不能使用金融产品和服务的极度贫困的人群或自我排斥的人群；可及性限制是指拥有基本银行服务，但由于金融知识的缺乏、没有金融顾问等原因使得无法充分使用金融产品和服务；金融包容但金融产品不恰当是指可以使用金融产品和服务，但这些金融产品不能完全符合他们的需求。

关于金融排斥的概念还可以从微观、中观和宏观的角度划分。微观层面的金融排斥是指居民个人由于达不到金融机构的要求、无法承受金融产品和服务的价格、缺乏金融知识等各种原因而被金融机构排斥在外，不能使用金融机构提供的金融产品和服务；中观层面的金融排斥是指一些地区或一部分人群由于各种原因导致金融机构在提供金融产品和服务时把这些地区和人群排斥在外，使得这部分地区和人群不能获得所需要的金融产品和服务；宏观层面的金融排斥是指一个国家由于金融体系和金融制度的不合理，导致金融机构的产品和服务不能被居民获得和使用，导致居民被排斥在金融体系之外。

本书在研究已有的国内外研究文献和相关理论的基础上，将金融排斥定义为：一定时期内，在一定经济条件下，由于正规金融机构所提供的金融产品和服务的普及程度、可得性、可使用性、可负担度较低等原因，使一个国家或地区的金融需求者在获取和使用所在地区和所在阶层正常生产和生活所需要的金融产品和服务的过程中遇到困难的一种状态。由上述定义可以看出，本书认为要构成金融排斥必须满足以下几个条件：第一，居民必须对相应的金融产品和服务具有真正的需求，而且这些金融产品和服务的需求不能得到满足，而那些不是居民真正需求的金融产品和服务即使得不到满足，也不能作为金融排斥；第二，居民不能获得和使用相应的金融产品和服务就无法过上所处社会阶层的正常生活，而那些脱离居民所处社会阶层生活需要的金融产品和服务的无法满足不能作为金融排斥；第三，提供这些金融产品和服务的金融机构需要是正规金融机构，而非正规金融机构由于地缘、人缘等原因造成的提供的金融产品和服务不能被居民所获得，不能严格算为金融排斥，本书在研究过程中不将其作为金融排斥处理；第四，金融排斥中的金融产品和服务包括储蓄、贷款、保险、基金、证券、理财等基本的金融产品和服务，也包括期货、期权、信托、租赁等衍生类金融产品和服务；第五，金融排斥中的居民包括全社会的所有人群，如农村居民、城市居民等。

农村地区金融排斥是金融排斥的重要组成部分。由于相对于城镇地区，农村地区经济发展较为落后，居民收入水平较低，交通状况较差，农村居民缺乏抵押和质押物品，金融机构分支机构较少，使得农村地区的金融排斥程度相对于城镇地区更加严重，在某些农村地区甚至一些基本的储蓄、贷款等金融产品和服务都不能满足，而且农村地区的金融排斥更加隐蔽，更加难以破解，这可能会在一定程度上限制农村地区经济的发展和农民收入的提高。

二 农村金融

农村金融是现代金融的重要组成部分。从字面上看，农村金融是在"金融"一词前加上了一个"农村"的地域限制。"农村"是相对"城镇"而言的，因此，在字面上，"农村金融"就是农村地区的金融，在一定程度上被理解为农村、农民和农业服务的金融。其实，农村金融的内涵非常丰富，黄光伟（2008）认为，农村金融从地域上看是指农村地区的货币流通和信用活动，从服务对象上看是服务于农民、农村企业等微观经济主体，从产业上看是服务于农业的生产、流通（交换）、分配和消费等不同环节。梁邦海（2009）认为，农村金融是满足农村经济社会发展的一系列市场组织、体制、产品、主体构成的一个体系，是以信用手段筹集、分配和管理农村货币资金的活动，是为农村居民、农村经营个体、农村企业、农村合作组织提供各类金融服务，以及为提供这些服务而存在的政府监管、金融市场运行规则等一系列金融制度。李军（2008）认为，农村金融是为促进农村经济发展提供全面金融功能的货币流通、金融机构、金融市场、金融产品以及金融制度和调控机制的总称，是包括以上五类内容的有机结合的集合。

综合专家学者们关于农村金融的定义，结合本书的研究内容，本书将农村金融定义为：为农村地区金融需求者提供金融产品和服务的金融活动和相关制度安排。农村金融的概念内涵非常丰富，既包括向农村、农业和农民提供储蓄、贷款、汇兑、保险等满足其需要的金融产品和服务，也包括政府监管、政府支持等一系列规则和制度。从当前我国农村金融的状况来看，农村金融的供给主体包括正规农村金融机构和非正规农村金融机构，其中正规农村金融机构包括以中国农业银行为主体的商业性农村金融机构、以中国农业发展银行为主体的政策性农村金融机构、以农村信用合作社（包括改制后的农村商业银行、农村合作银行）为主体的合作性农村金融机构、中国邮政储蓄银行以及村镇银行、农村资金互助社、小额贷款公司等新型农村金融机构，非正规农村金融形式包括亲朋好友借款、高利贷、合会、典当行、地下钱庄等众多形式；农村金融的需求主体包括农民的金融需求、农村企业的金融需求、农村集体的金融需求等；农村金融还包括政府对其的监管、宏观调控，提供资金支持、再保险支持等一系列规范、保障其正常运行的制度安排。

农村金融作为向农村、农业、农民提供金融产品和服务的金融活动和相关的制度安排，相比其他金融形式，有一定的特殊性，具体可以表现在以下几点：第一，农村金融具有一定的公共物品的性质。农村金融是向农村、农业、农民提供的金融产品和服务，能够促进农业的发展，农业的发展有利于提高一个地区或国家的食物安全水平，能够提供更多、更优质的农产品，这是整个国家居民福利的改进，因此农村金融具有一定的公共物品的性质。第二，农村金融具有高风险性。农村金融受农村经济发展和农业生产特征的影响，在地理环境、自然条件、农作物生产周期、农村产品市场波动等多方面的风险较高，使得其经营过程中具有高风险性。第三，农村金融具有一定的政策性。因为农村金融具有高风险性，会使得商业性金融机构经营农村金融的积极性不高，这就需要国家提供政策性金融支持或发展政策性农村金融机构。

三　普惠型农村金融体系

英国金融服务监管局（2000）在研究金融排斥时，提出了金融排斥的一个反面问题，称为"Financial Inclusion"，国内学者将其翻译为"金融包容"、"包容性金融"，焦瑾璞和陈瑾（2009）在研究如何使全民享受金融服务的途径时，将其称为"普惠金融"，此后普惠型金融逐渐被专家学者们了解和重视。关于普惠型金融的概念，马九杰和沈杰（2010）认为普惠型金融是指所有人能够分享各种金融服务机会，有能力选用对自己最适宜的银行账户、信贷、支付与结算、储蓄、保险、理财等金融产品和服务。张博洋（2009）认为普惠型金融是指不同区域、不同收入阶层的公民都有公平地享有金融服务的机会，特别是贫穷地区、具有强烈脱贫意愿的低收入阶层和弱势群体的金融服务都能得到有效满足。

农村金融作为特殊的金融活动和制度安排，在农村的金融需求在一定程度上得不到满足的背景下，普惠型农村金融能够满足农村、农业、农民的金融需求，使其平等地与其他地区、产业、居民享有相同的使用各种金融产品和服务的机会，并对金融产品和服务进行有效的使用。普惠型农村金融所提供的贷款、储蓄、汇兑、保险等金融产品和服务能够促进农村经济社会的发展、农业的安全稳定、农民收入的提高，是扶贫和促进社会公平的重要制度安排。

张博洋（2009）的研究指出，普惠型金融包括三方面的内容：服务对象的特定性、金融服务产品和功能的全面性、金融机构的多样性。因此，普惠型农村金融的服务对象应是农村地区急需金融产品和服务的低收入的农户、农村企业、农村集体等，用以保障生活、促进生产。普惠型农村金融可以提供的金融产品应该包括贷款、储蓄、汇兑、保险等全方位的、多类型、功能全面的金融产品和服务，用以保障不同需求主体的不同需求。普惠型农村金融应保障多种性质的金融机构的协调发展，促进商业性、政策性、合作性金融机构的协调与合作，促进农村金融体系的合理发展。

普惠型农村金融并不是要求将农村金融变为公益性质，各金融机构应按照自身的经营性质，合理布局分支机构，开发灵活适当的农村金融产品和服务，提高服务质量，降低使用门槛，扩大产品宣传，促进金融产品和服务的可获得性和使用度，保障农村、农业和农民的合理金融需求都得到满足的同时，严格加强对风险的控制，适当获取利润，实现自身的可持续发展。

第二节 基础理论分析

一 金融发展理论

金融发展理论主要是研究金融发展与经济增长关系的理论，即金融发展在经济增长中起到了怎样的作用，而经济增长又对金融发展起到了怎样的作用。金融发展理论历来是经济学家和金融学家都十分关注的问题，也是存在严重分歧的问题。关于金融发展理论的研究虽然很早就有经济学家关注和探讨，但 20 世纪 50 年代之前的研究都比较零碎，并没有形成系统的理论。直到格利和肖（Gurley and Shaw）在 1955 年和 1960 年分别发表《经济发展中的金融方面》和《金融理论中的货币》，金融发展理论才逐渐被人们所认识和重视，金融才被作为经济发展的核心。1966 年美国经济学家帕特里克（H. T. Patrick）发表了《欠发达国家的金融发展与经济增长》一文，该文对金融发展理论的形成做出了重要贡献。帕特里克认为，金融发展与经济增长的关系可以分为"需求追随"（Demand Following）和"供给引导"（Supply Leading）两种模式，其中：需求追随模式强调的是金融服务的需求方面，认为经济增长引起金融需求的增加，金融需求的增加会带来金融机构的扩张，并会带动金融资产的多元化和金融服务的多元化，最终促进金融的发展；供给引导模式强调的是金融供给的增加对经济增长的拉动作用，认为金融的发展带动了金融机构的扩张，金融机构的扩张带动了金融资产的多元化和金融服务的多元化，并由此导致了金融需求的增加，促进了投资的增长，并最终促进经济增长。帕特里克认为发展中国家在选择两种模式时，应根据本国的实际情况进行灵活选择，在经济发展较为落后、金融体系不健全的国家，应该选择供给引导型的金融模式，通过健全金融体系，提高金融产品和服务的供给量，促进经济增长；在经济发展到一定程度，金融体系也比较健全时，应将供给引导型的金融模式转变为需求追随型的金融模式，通过促进经济增长，带动金融产品和服务的多元化，促进金融发展。

戈德史密斯（Goldsmith，1969）在其著作《金融结构与金融发展》中率先提出了金融机构理论，并依托该理论提出了金融相关比率指标，并以其对金融发展进行衡量。金融机构理论是现代金融发展理论的基础。戈德史密斯认为金融发展的实质就是金融结构的变化，对金融发展进行研究就是要对金融结构的变化过程与变化趋势进行研究，同时他还认为一个国家的金融发展是由这个国家的经济发展水平、经济发展结构、经济活跃程度、商品的流通转化速度、生产集中度以及财富分配是否公平等要素决定的（王磊玲，2011）。

金融发展理论提出以来，专家学者们在对其进行研究时，提出了极为不同的各种观点，比较有代表性的可以分为以下几种：一种观点认为经济增长与金融发展二者互为因果关系，经济增长促进金融发展，金融发展又会促进经济增长，二者相互促进，共同发展；一种观点认为金融发展对经济增长具有促进作用，而经济增长对金融发展的促进作用却不明显；一种观点认为金融发展阻碍经济增长，经济增长对金融发展的作用也不明显；一种观点认为经济增长促进金融发展，而金融发展对经济增长的作用不明显；还有一种观点认为经济增长与金融发展之间没有因果关系，经济增长与金融发展有着不同的发展逻辑，不存在因果关系。

本书认为，经济增长与金融发展二者互为因果关系，经济增长有利于金融发展，而金融发展也会促进经济增长。促进经济增长需要有健全的金融体系，而要健全金融体系必须促进经济增长。关于金融发展与经济增长的关系，本书在后面的研究中将继续加以研究和探讨。

二　金融抑制与金融深化理论

1973 年，美国经济学家肖（Shaw）和麦金农（McKinnon）分别出版了《经济发展中的金融深化》（*Financial Deepening in Economic Development*）和《经济发展中的货币与资本》（*Money and Capital in Economic Development*），开创性地提出了"金融抑制"和"金融深化"理论，从不同角度对发展中国家的经济增长与金融发展的关系进行了分析和说明，这是对传统的金融发展理论的重要扩展和补充，他们的理论得到了国内外专家学者们的高度重视。

麦金农和肖认为，金融发展与经济增长之间是相互促进和相互制约的关系。相互促进方面是金融的发展能够带动投资的发展，并以此带动经济的发展，而经济的发展使得金融需求增加，又会带动金融的发展，这就会形成金融发展促进经济增长，经济增长又会促进金融发展的良性循环；相互制约方面是金融发展的落后会制约经济的增长，而经济增长的滞后又会束缚金融的发展，并由此陷入一个恶性循环。这种金融发展与经济增长之间的相互制约关系就是金融抑制，而要破解金融抑制，实现金融发展与经济增长之间形成相互促进关系就是金融深化。

金融抑制的存在是由于政府对金融体系实行了错误的金融政策，进行了过多的干预和监管造成的。有些国家政府对金融机构的贷款和存款利率进行严格的限定，使得利率不能如实对资金供求状况进行反映，金融资产的价格也不能如实反映，而政府又不能有效控制通货膨胀率，使得实际利率与名义利率存在较大差距，甚至为负数，这使得投资需求大增，而金融机构却很难吸引到存款，资金缺口变大，金融体系发展陷入困境。

政府实行信贷配给政策，使许多信贷资金配给了效益不高的国营企业、特权企业，而一些投资效益高的项目却得不到信贷支持，导致资金的使用效率的下降；实行严格的外汇市场管制，使得汇率不能如实反映出外汇的供求状况和货币的购买力，使得本国的货币与外币不能有效进行兑换，这对出口和进口都会有不同的影响，最终会阻碍一国经济的发展。

金融抑制下的金融体制的特点主要分为以下几点：第一，金融体制高度集中，主要金融产品和服务多数集中在少数几个银行手中，而这些银行多数属于国有经营，其他金融机构在整个金融体系中发挥的作用微乎其微，使得金融体系缺乏竞争机制；第二，金融产品和服务的品种较少，且这些产品和服务被分配给了少数居民和企业，而多数居民和企业无法得到需要的金融产品和服务；第三，信贷资金利用效率低，周转慢，在经济发展中并没有起到应有的作用；第四，金融活动不规范，金融市场不统一，金融部门呈现一定的割据状况；第五，金融法律不健全，不能保障金融体系的健康稳定运行；第六，政府对金融体系的监管和控制较多，对金融体制进行不合理的过度干预，限制了市场机制在金融体系发展中发挥作用。

金融深化是金融抑制的反面，金融深化是消除金融抑制的有效途径。要促进金融深化，政府必须取消对金融体系的过度干预，促进市场在金融体系发展中所起的作用，形成金融发展与经济增长的良性循环。要促进金融深化，政府必须改革高度集中的金融体制，在金融体系中发挥竞争机制，为民众提供优质高效的金融产品和服务；要放松对利率的控制，实现利率的市场化、自由化，使利率能够充分反映资金的供求和价格；要减少信贷配给，使信贷资金应用到真正需要资金且投资回报高的项目中；要促进汇率制度的改革，使汇率充分反映外汇的供求和价格；要鼓励金融机构创新金融产品和服务，满足居民和企业对金融产品和服务的不同需求；要加强金融立法，规范金融活动，保障金融体系的安全稳定运行；要健全金融监管，对金融体制进行合理的干预，促进金融发展在经济增长中作用的发挥。

我国金融体系中，特别是农村金融体系中也存在较为严重的金融抑制问题，要提高农村金融在农村经济增长中的作用，必须进一步破解金融抑制，加快金融深化。本书对农村地区金融排斥问题的研究，在一定程度上也是在寻找一种破解金融抑制、加快金融深化的途径和措施。

三　金融约束理论

金融抑制和金融深化理论提出后，部分国家在这一理论的指导下掀起了金融自由化的浪潮，进行了大刀阔斧的金融自由化改革，但实践结果与理论相去甚远，许多进行金融自由化改革的国家出现了企业破产、失业增加、通货膨胀加剧等一系列经济问题。金融深化实践的失败，使得经济学家开始对金融抑制和金融深化理论进行反思，并开始探索新的金融发展道路。20 世纪 90 年代，以赫尔曼（Herman）、穆尔多克（Milldoc）和斯蒂格利茨（Stiglitz）等为代表的新凯恩斯主义经济学派基于完全信息市场理论提出了"金融约束理论"，重新论述和界定了政府干预金融体系的问题。

金融约束理论认为政府应加强对金融体系的干预，并通过控制存贷款利率、限制市场准入和适当减少金融竞争的政策，努力为金融机构创造获取租金的机会，并使租金保留在金融部门和生产部门，从而促进金融机构提供更多的金融产品和服务，维护金融市场的稳定，促进经济增长和居民收入水平的提高。

金融约束理论要求政府要对存贷款利率进行控制，制定较低的利率水平，使企业以较低的利率获得贷款，金融机构以较低的利率吸收存款，这样企业和金融机构就可以获得租金，且政府通过对利率的控制调控租金在企业和金融机构之间的分配，并可以调控信贷资金在不同企业之间的配置，提高信贷资金的使用效率。虽然金融约束理论要求政府要加强对利率的控制，但并不是要求对利率进行过于严格的控制，因为过于严格的利率控制会引起信贷资金配置效率低下等一系列问题，最终导致整个金融体系出现问题。金融约束理论还要求政府采取措施限制金融机构之间的竞争，因为过度的金融机构竞争会使得金融机构租金的消除，如果金融机构无法获得理想的租金，就无法开设新的分支机构，开辟新的资金市场，这样金融机构的业务量就无法扩大，限制了金融机构的发展；而且金融机构间的竞争，还可能导致社会资源的浪费，降低竞争的有效性。政府要限制金融机构之间的竞争就要对金融机构的市场准入进行一定的限制，减少金融体系的新进入成员，并保证新进入成员不能损害先进入成员的获得租金的机会，如果新进入成员确有损害先进入成员的寻租机会，那么新进入成员要付出一定的经济成本用以弥补先进入成员的损失，并使新进入成员和先进入成员都可以获得租金，促进整个金融体系的发展。金融约束理论还要求政府实行对资产替代进行限制的政策，对居民将金融机构的存款转换替代为股票、债券等其他形式的资产进行限制，因为在经济发展的低级阶段，一个国家的其他金融市场往往是效率较低的，很难发挥配置资金的作用，因此将资金限制在效率相对较高的银行类金融机构中，在一定程度上是实现资金高效配置的有效政策和措施。

通过以上分析可以看出，金融约束理论与金融抑制和金融深化理论具有相反的观点，金融抑制和金融深化理论强调的是金融的自由化，要求政府减少对金融体系的干预，而金融约束理论强调的是政府对金融体系的适当干预，通过干预创造金融机构获得租金的机会，促进金融体系的发展。金融抑制和金融深化理论要求加强利率的自由化和市场化，而金融约束理论强调的是政府对利率进行一定的控制。随着研究的深入，多数学者都认为政府这只看得见的手应该加强对金融体系的干预，发挥宏观调控的功能，为金融体系的发展创造条件。但金融约束理论发挥效应必须是一个国家的经济增长较为稳定，通货膨胀率较低且可以预测，且政府应根据经济金融发展状况对金融调控政策进行实时的调整，从而保证政策的有效性，这些都对金融约束理论的有效实施提出了挑战。

四 农村金融发展理论

农村金融作为现代金融的重要组成部分，其发展理论受到金融发展理论、金融抑制与金融深化理论和金融约束理论等现代金融发展理论的影响。但由于农村金融主要为农村、农业和农民服务，其发展又具有一定的特殊性。因此，农村金融发展理论受到特殊的关注和研究，在研究过程中，逐步形成了农业信贷补贴理论（Subsidized Credit Paradigm）、农村金融市场理论（Rural Finance Systems Paradigm）、不完全竞争市场理论（Imperfect Market Paradigm）等不同的农村金融发展理论，这些理论有利于推动农村金融的发展。

（一）农业信贷补贴理论

20 世纪 80 年代以前，农业信贷补贴理论在农村金融发展理论中处于主导地位。该理论认为由于农民没有储蓄能力，农业生产具有高风险性和低收益性，农民收入具有不确定性，在金融机构追求利润最大化的目标下，农业和农民很难成为金融机构的服务对象，因此要促进农业生产，缓解农村贫困，提高农民收入水平，就必须对农业信贷进行补贴，注入外部政策性

资金，建立专门性的政策性金融机构分配信贷资金，并对农业
信贷实行低利率，提高农村、农业和农民对金融产品和服务的
可获得性和使用度。农业信贷补贴理论还认为，农村地区的非
正规金融的实质是一种高利贷行为，对农村经济社会的发展具
有不利影响，因此必须坚决取缔，用正规农村金融机构取代非
正规农村金融机构。

农业信贷补贴理论在推行过程中，其缺陷也逐渐暴露，主
要表现在以下几点：第一，由于国家对农业信贷实行补贴，使
得农户在获得贷款时所付出的利率并不能反映资本的真实价
格，而资本的低价格必定会扩大农户对信贷的需求，在信贷数
量一定的情况下，国家必定会实行信贷配给，这使得并不是所
有的农户都能得到需要的贷款，使得低息补贴贷款的效应被集
中在少数获得贷款的农户方面；第二，由于实行信贷补贴，农
业贷款的利率较低，农户在储蓄方面的需求会大大下降，农村
金融机构很难吸引到储蓄存款，这就使得农村金融机构很难成
为有活力的、可持续发展的金融机构，最终会导致金融机构的
破产；第三，由于政府对信贷进行补贴，会使得政府和金融机
构对农村金融需求者所获得的信贷资金的使用情况实行有效监
督的能力降低，在很大程度上会造成金融需求者的逆向选择和
道德风险，最终不利于农村金融的发展。

（二）农村金融市场理论

随着研究的进一步深入，20 世纪 80 年代专家学者们逐渐
认识到农业信贷补贴理论的缺陷，因此亚当斯（Adams）等学
者提出了"农村金融市场理论"，该理论取代了农业信贷补贴
理论，成为农村金融发展的主流理论。农村金融市场理论认为
农村居民是拥有储蓄能力的，因此不需要政府向农村注入外部
资金，只要农户可以获得储蓄的机会，其就可以进行大量的储
蓄。政府对农村金融的控制和管制，阻碍了农村金融的发展，

损害了农民进行储蓄的积极性，是造成农村金融资金匮乏的主要原因。政府在发展农村金融中应实行利率的市场化改革，消除政策性金融政策对金融市场造成的扭曲，并严格控制通货膨胀率，防止实际存款利率为负情况的发生。非正规农村金融的存在具有一定的合理性，能够促进农村地区储蓄向投资的转化，因此不应该对非正规金融进行完全的限制，应加强引导和管理，使其成为正规农村金融机构的重要补充。

农村金融市场理论又具有一定的缺陷性，具体表现在：在农村金融市场发展落后的国家和地区取消政府对农村金融的监管和干预会给农村金融市场带来动荡；由于信息的不对称性，实行农村金融的完全市场化会导致多种市场失灵的出现，最终不利于农村金融市场的发展，导致农村金融体系的动荡；一个国家或地区的农村金融的市场化要求必须要有健全的农村金融法律体系，而有些国家的法律条件并不完善，不利于完善的农村金融市场机制的建立。

（三）不完全竞争市场理论

东南亚和墨西哥等国家在20世纪90年代都发生了金融危机，暴露了市场机制的缺陷，人们重新认识到政府对金融市场干预的必要性和重要性。因此，针对农村金融发展理论，有些经济学家也开始认识到农村金融市场理论的不足，认为政府有必要对农村金融市场进行干预，基于此，斯蒂格利茨（1990）提出了"不完全竞争市场理论"。不完全竞争市场理论认为作为一个不完全竞争市场的农村金融市场，参与市场的主体信息是不充分的，依靠市场机制不能使农村金融完全满足市场的需求，因此政府有必要介入农村金融市场，对市场机制失败的部分加以补救。不完全竞争市场要求政府对利率进行一定的控制，同时控制通货膨胀率，防止实际利率为负的情况的发生，并通过利率控制防止信用配置和过度信用需求等问题的产生。

政府应鼓励借款者以小组联保等互助合作的方式进行借款，防止因为信息的不对称造成的贷款回收率低等情况的发生，确保农村金融机构的可持续运营。政府应对进入农村金融市场进行一定的限制，保障和促进先进入农村的金融机构的发展，还要加强对非正规农村金融机构的管理和引导，促进其效率的提高。

第三章 农村地区金融排斥程度的测度

　　金融是现代经济的核心，农村金融是农村经济发展的重要支柱，农村金融发展对农村经济发展所起到的重要作用已经成为学界的广泛共识（王丹、张懿，2006；邓莉、冉光和，2005；姚耀军，2004）。改革开放以来，我国的农村金融体系为广大农户和农村地区提供的资金和信用支持，对我国农村经济增长和农民收入提高发挥着不可替代的重要作用。但银监会网站公布的《中国银行业农村金融服务分布图集》显示，2008年末金融服务严重不足（机构网点≤1）的乡镇有11885个，占全国乡镇总数的39%，获得贷款的农户比例仅为农户总数的28%，获得保险、基金、证券等金融服务的农户更是微乎其微（邱兆祥、王修华，2011）。可以看出，我国农村地区的金融需求很大一部分还得不到满足，这说明我国农村地区金融排斥问题非常严重。农村金融排斥的存在使得农村金融需求得不到满足，这不利于农村经济的发展和农民收入的提高，也有悖于我国新农村建设和全面建设小康社会的要求。要解决农村金融排斥问题，首先必须对农村金融排斥的程度进行科学测度，并根据不同地区农村金融排斥的程度采取相应破解措施。

　　本章首先以陕西为例对农村金融体系的历史变迁与现状进行分析，然后构建金融排斥指数，并以金融排斥指数为基础对省际农村金融排斥程度的变化和陕西省县域农村金融排斥的程度进行分析和对比，最后通过调研数据分析陕西农村地区农户受金融排斥的程度。

第一节 支持农村发展的金融体系的历史变迁和现状
——以陕西省为例

一 陕西农村金融体系的历史变迁简介

陕西历史悠久，是中华文明的发祥地之一。从周代到秦汉，再到封建社会发展到鼎盛的隋唐，陕西地区一直都是我国的政治、经济、文化中心。陕西地区也是我国农村金融发展较早的地区。根据历史记载，公元前 11 世纪的西周时期，陕西就有了农村信用活动。根据《周礼》记载，当时办理金融业务的机构为"泉府"，主要负责办理税收、滞销农产品的收购与销售以及借贷工作（王世颖，1929）。西汉时期，政府为平抑物价，救荒济贫，设立常平仓制度。政府利用常平仓的存粮发放"赈贷"，用以救济发生灾荒的贫苦农民，而且常平仓也可以向农民提供金钱方面的借贷（林荣、侯哲庵，1931）。

常平仓制度在隋唐时期得到进一步发展，又创立了义仓、社仓和惠民仓等制度，这些制度都有平抑粮价和借贷的作用，这一时期民间借贷也有了一定发展，陕西地区出现了"合会"等互助性的金融组织（姚公振，1944）。隋唐时期还推行了"公廨本钱"制度，上级官衙向其下级拨付"公廨本钱"，下级官衙可以利用"公廨本钱"进行放贷收息。北宋时期，陕西转运使李参推行青苗钱制度，这是我国农村金融的重要创新。青苗钱制度是指在青黄不接时，向农民进行借款，满足农民的资金需要，待谷物成熟后归还本金和一定利息，这一制度促进了陕西农村地区粮食的增产，并成为王安石变法的主要内容之一（王世颖，1940）。元、明、清时期，陕西的农村金融制度基本上沿袭隋唐时期的制度，而且时兴时废，成效不大。

中华民国时期，陕西农村金融事业得到了快速的发展。1933年后陕西地区的中国银行、中国农民银行、陕西省银行等金融机构逐步开办了农村贷款业务，向农民提供贷款（陕西省银行经济研究室，1940；郭荣升，1942）。这一时期，中国共产党领导下的陕甘宁边区农村金融事业也得到了一定程度的发展，陕甘宁边区银行在延安、志丹、富县等地成立了农贷委员会，向这些地区的农民发放贷款，用以开垦荒地，发展生产。

中华人民共和国成立后，陕西省的农村金融进入了新的发展时期。陕西省中国人民银行机构普遍开展了农业贷款业务，帮助农民发展生产，增加收入。1955—1965年之间，陕西省曾两度建立中国农业银行陕西分行，但很快又与中国人民银行合并，这对陕西农村金融的发展产生一定的影响。改革开放之后，1979年12月，中国农业银行陕西分行又一次成立，成为农村金融的专业商业银行，陕西省的农村金融也进入了新的发展阶段。1995年3月，中国农业发展银行陕西分行成立，以国家信用为基础，承担国家的农业政策性金融业务，成为支持"三农"发展的政策性银行。1996年，陕西省农村信用合作社与中国农业银行脱离了隶属关系，成为陕西省支持"三农"发展的合作性质的金融机构。2006年底，我国银监会做出调整和放宽农村地区银行业金融机构的准入政策，决定成立村镇银行、小额贷款公司、农户资金互助社等新型农村金融机构，这些金融机构也陆续在陕西地区有所发展。2007年12月，中国邮政储蓄银行陕西省分行在西安成立，邮政储蓄银行成为支持"三农"发展的重要力量。

二 陕西地区农村金融体系的现状

经过多年的发展，陕西地区已经逐步建立起了以合作性金融机构、政策性金融机构和商业性金融机构为支柱，以邮政储蓄银行、新型农村金融机构为补充的农村金融体系。表3—1是2010年陕西省农村金融发展的状况。从表3—1中可以看出，各级农村信用社是陕西农村金融的主力军，2010年陕西省各级农村信用社有法人机构99个，营业网点2637个，有贷款功能的营业网点2242个，从业人员22658人，这些都远远高于同期中国农业银行、中国农业发展银行、邮政储蓄银行和村镇银行的相应数值，这说明各级农村信用社在农村地区的经营网点数和从业人员数是远远高于其他金融机构的，而且各级农村信用社在各项农村金融业务方面，如各项贷款余额、农业贷款余额、各项存款余额、储蓄存款余额、获得贷款的企业数、获得贷款的农户数等，都高于其他金融机构，这也说明各级农村信用社是陕西农村地区金融服务的主要提供者。从表3—1中的数据可以看出，中国农业银行和邮政储蓄银行在陕西农村金融体系中也具有重要作用，但从它们的具体金融业务可以看出，它们的农业贷款余额占各项存款余额的比重远远低于其他金融机构，这说明中国农业银行和邮政储蓄银行在农村地区的业务不断萎缩，在很大程度上扮演着"抽水机"的角色，把大量的资金从农村地区转移到城市地区。中国农业发展银行是政策性银行，其业务很少直接面向农村企业和农户。农村合作银行和农村商业银行大多都是由农村信用社转制而成，虽然陕西农村地区农村合作银行和农村商业银行的数量较少，但从它们各项业务指标的具体数值来看，它们在对农户提供金融服务方面的作用不容忽视。在新型农村金融机构中，2010年陕西地区仅发展了7家村镇银行，贷款公司和农村资金互助社在陕西地区并没有发展。

表 3—1　　　　　　　2010 年陕西农村金融发展状况

	中国农业银行	中国农业发展银行	各级农村信用社	农村合作银行	农村商业银行	邮政储蓄银行	村镇银行
法人机构（个）	0	0	99	8	1	0	7
营业网点数（个）	673	79	2637	244	36	1197	9
有贷款功能的营业网点数（个）	657	79	2242	238	35	872	8
金融机构从业人员数（人）	14872	1854	22658	1908	446	7343	137
各项贷款余额（万元）	7508084	3573619	11804160	1449198	1000784	470273	28083
农业贷款余额（万元）	184974	3573619	7698468	1235775	919313	172381	16239
农户贷款余额（万元）	174599	0	5774355	1138644	848933	153292	8972
小企业贷款余额（万元）	313038	1731219	2441285	96122	93380	850	14589
不良贷款余额（万元）	295919	963558	1729083	29994	7759	1838	0
各项存款余额（万元）	20995790	273214	19187507	2266073	1838694	10553330	41828
储蓄存款余额（万元）	12148205	0	13949641	1617951	1046595	9020376	17217

续表

	中国农业银行	中国农业发展银行	各级农村信用社	农村合作银行	农村商业银行	邮政储蓄银行	村镇银行
获得贷款的企业数（家）	1366	1608	258520	497	44	5	156
获得贷款的农户数（户）	39867	0	2460669	178113	12422	43211	1444

资料来源：根据银监会发布的《中国银行业农村金融服务分布图集》整理所得。

第二节　金融排斥指数的构建

为测度金融排斥的具体程度，英格兰东南发展机构利用一系列数据，采用复合剥夺指数（Index of Multiple Deprivation）作为模型的因变量，采用线性回归模型，以逐步回归的方式确定了金融排斥的相关变量，并计算出金融排斥指数，但是该指数所用到的相关数据，多数国家的统计机构目前还没有提供，所以影响了该指数的应用和推广（田霖，2007）。李涛等（2010）分析了我国城市居民受金融排斥的状况，在衡量金融排斥程度时他们采取问卷调查的方法，如果居民没有使用储蓄、基金、保险、贷款等金融服务时则认为该居民受到了相应的金融排斥。田霖（2007）利用主成分分析、因子分析和聚类分析的方法，建立排序选择模型，分析了我国金融排斥空间差异及其影响要素。王修华和邱兆祥（2010）建立了地理、评估、条件、价格、营销、自我六维度的相应评价指标体系，对我国农村金融排斥的现实困境进行定性与定量的描述。高沛星和王修华（2011）把金融排斥的六个维度合并精减为四个维度，建立相应评价指标体系，基于省际数据采用变异系数法定量分析了我国各省农村金融排斥程度，并利用皮尔逊相关系数法分析了形成我国农村金融排斥区域差异的主要影响因素。

从国内外对金融排斥的研究来看，对金融排斥程度的测度主要是利用凯普森和韦利提出的六维评价标准，利用相应的具体指标代表六个维度。例如，王修华等（2009）在测度我国的金融排斥程度时，利用地区银行类金融机构数比地区人口数代表地理排斥，地区银行承兑汇票余额比地区人口数代表评估排斥，地区加权贷款利率水平代表价格排斥，地区人均贷款余额代表条件排斥，地区贷款余额比存款余额代表营销排斥，地区非金融机构融资规模比金融机构贷款余额代表自我排斥。对比六个维度的含义可以看出，他们创建的评价指标体系并不能准确地表示各维度所要表达的含义。通过研究发现，就目前所能利用的数据和方法而言，试图利用六维标准比较准确地衡量和测度金融排斥程度是存在很大困难的。因此，本书试图从一个新的角度建立衡量金融排斥的新的维度体系，并利用相应的指标体系构建金融排斥指数，对金融排斥程度进行科学测度和分析。

一 金融排斥指数构建的目标和原则

通过研究已有的文献可以看出，传统的金融排斥评价方法基本都是用凯普森和韦利提出的六个维度构建评价指标进行分析的。金融排斥的六个维度基本都是主观性比较强的指标，而且各个指标之间密切相关，相互重叠，要使用计量的方法和具体数据加以准确衡量是比较困难的。例如，评估排斥是指金融机构通过风险评估程序限制了客户接近金融资源，由于风险评估程序是人为制定的，具有较大的灵活性和针对性，要准确衡量金融排斥中评估排斥的程度就目前可用的方法和数据来看是比较困难的。因此，从这六个维度构建评价指标体系来衡量金融排斥程度是很难对金融排斥程度进行准确、客观的测度的，所以本书不以六个维度为标准，从新的角度构建衡量金融排斥的维度体系，并确定相应评价指标，对金融排斥指数进行构建和测度。金融排斥指数构建的目标为：基于金融排斥的含义，利用客观、可得、全面的数据，建立一套在时空范围内可比较、可计算的评价体系，对金融排斥的程度进行科学衡量和测度。金融排斥指数构建的原则有以下几点：

（1）建立的评价体系必须尽可能多地包含金融排斥的不同层面，能对金融排斥的基本内涵包含的信息进行科学测度。金融排斥包含的层面非常多，因此要准确评价金融排斥，其评价指标体系必须尽可能多地包含金融排斥的不同层面。

（2）建立的评价指标体系必须是客观的、可得的，数据来源是有保证的，是可以用数学的方法加以衡量和计算的。

（3）金融排斥指数的计算方法必须是简单容易的，并符合经济学、数学、统计学等学科的基本原理。

（4）构建的金融排斥指数必须是可以进行时空比较的。只有对金融排斥进行时间和空间的比较，才能了解一个地区在不同时期金融排斥的具体程度和变化，这对制定金融排斥的破解对策具有重要的意义。

二　金融排斥维度的确定

基于金融排斥的含义，并根据金融排斥指数设定的目标原则，本书将金融排斥维度确定为以下四个维度：金融服务的深度（Depth）、金融服务的可得度（Availability）、金融服务的使用度（Usage）、金融服务的可负担度（Affordability）。

维度1：金融服务的深度。与金融排斥相对的概念是金融包容（Financial Inclusion），一个包容性的金融体系必须尽可能多地包含所有的想得到金融服务的用户，金融排斥显然是使用户排斥在金融服务体系之外，而得不到需要的金融服务。因此，金融服务的深度表示金融服务在其用户中的渗透程度是怎样的，即有多少用户能够使用金融服务。具体的评价指标可用一个地区的银行账户开户数、平均每个人的存贷款余额等表示。

维度 2：金融服务的可得度。包容性的金融体系的金融服务的可得度非常高，用户可以很容易地得到自己需要的金融服务，而排斥性的金融体系则使用户很难获得自己需要的金融服务。因此，金融服务的可得度表示一个地区金融服务在多大程度上可以获得。具体的评价指标可用每万人拥有的金融机构网点数、每万人拥有的 ATM 机数、每万人拥有的金融机构服务人员数量、每万平方公里拥有的金融机构网点数、每万平方公里拥有的金融机构服务人员数等表示。

维度 3：金融服务的使用度。包容性的金融体系的金融服务不但可以使用而且使用程度非常高，而排斥性的金融体系由于把部分使用者排除在金融服务体系之外，这就限制了金融服务的使用程度。因此，金融服务的使用度表示一个地区金融服务在使用程度上是怎样的。这个维度具体的评价指标可用一个地区的存贷款余额占 GDP 的比重来表示。

维度 4：金融服务的可负担度。一个包容性的金融体系提供的金融服务在价格上是使用者能够负担的，而排斥性的金融服务体系提供的金融服务由于价格太高使得有些使用者负担不起，进而影响了金融服务的推广和应用。因此，金融服务的可负担度表示一个地区提供的金融服务的价格是否在使用者的可负担范围之内，具体的评价指标可用利率水平、金融服务价格等表示。

三　金融排斥指数的构建

在构建金融排斥指数时，根据我们确定的金融排斥的含义和金融排斥指数构建的目标和原则，借鉴国际认可度很高的联合国开发计划署（United Nations Development Program，UNDP）编制的人类发展指数[①]（Human Development Index，HDI）的计算方法构建金融排斥指数的测算方法：

假设金融排斥有 n 个评价维度 D，每个指标的权重为 w，用以表示该指标对量化金融排斥指数的重要程度。用以下公式表示每个指标的测度值：

$$D_n = w_n \frac{X_n - m_n}{M_n - m_n} \tag{3—1}$$

在式（3—1）中，D_n 表示第 n 个维度在测度金融排斥指数时的计算值，代表这个地区在这个维度取得的成就；

w_n 表示第 n 个维度的权重，设定 $0 \leqslant w_n \leqslant 1$，$w_n$ 越大说明该维度对量化金融排斥的重要程度越高；

X_n 表示第 n 个维度评价指标的实际值；

M_n 表示设定的第 n 个维度评价指标的最大值；

m_n 表示设定的第 n 个维度评价指标的最小值。

当 D_n 是正向指标时，D_n 越大代表这个地区在这个维度取得的成就越高，金融排斥的程度就越低；当 D_n 是逆向指标时，D_n 越大代表这个地区在这个维度取得的成就越低，金融排斥的程度就越高。因此，为了统一标准，方便金融排斥指数的计算，当 D_n 是逆向指标时，将 D_n 的计算公式转换为式（3—2）的形式，这样 D_n 越大时，代表这个地区在这个维度取得的成就越高，与式（3—1）标准一致。

---

① 人类发展指数，是联合国开发计划署在《1990 年人文发展报告》中提出的用以衡量联合国各成员国经济社会发展水平的指标。人类发展指数是对人类发展成就的总体衡量尺度，它衡量一个国家在人类发展的三个基本方面的平均成就：1. 健康长寿的生活，用出生时的预期寿命表示；2. 知识，用成人识字率及小学、中学和大学综合毛入学率表示；3. 体面的生活水平，用人均 GDP 表示。各个指标都设定了最大值和最小值，指数的计算公式为：指数值 =（实际值－最小值）/（最大值－最小值），而 HDI 值为三个基本指数的几何平均数。以上摘自互动百科。

$$D_n = w_n \frac{M_n - X_n}{M_n - m_n} \qquad\qquad (3—2)$$

由式（3—1）、式（3—2）可以看出，各维度评价指标 D 的取值范围为 $0 \leqslant D_n \leqslant w_n$。设定一个地区各个维度的计算得分都为 0，即 $D_n =$ （0，0，0，…，0）时，代表这个地区在各个维度的计算值都是最小值，为金融排斥程度最高情况；如果一个地区各个维度的计算得分都为 w_n，即 $D_n =$（w_1，w_2，w_3，…，w_n）时，代表这个地区在各个维度的计算值都是最大值（也是最理想值），为金融排斥程度最低的情况。

因此，在构建金融排斥指数时就是要计算各个维度的测算值与最理想值的距离，并最终把所有距离整合在一起形成一个具体测度结果，所以我们将金融排斥指数的测度公式①设定为以下形式：

$$IFE = \frac{\sqrt{(w_1 - D_1)^2 + (w_2 - D_2)^2 + \cdots + (w_n - D_n)^2}}{\sqrt{w_1^2 + w_2^2 + \cdots + w_n^2}}$$

$$(3—3)$$

在式（3—3）中，由于 D_n 的取值范围为 $0 \leqslant D_n \leqslant w_n$，所以金融排斥指数 IFE 的取值范围为 $0 \leqslant IFE \leqslant 1$。如果 $D_n =$（0，0，0，…，0），则 $IFE = 1$，为金融排斥程度最高的情况；如果 $D_n =$（w_1，w_2，w_3，…，w_n），则 $IFE = 0$，为金融排斥程度最低的情况。

显然，本书设定的金融排斥指数的计算公式与人类发展指数的测度公式是有很大的不同的②。通过测度公式可以看出，

---

① 根据内森等（Nathan et al.，2008）的研究发现，这种基于距离的指数测算公式满足许多数理特性，如标准性、单调性、一致性、对称性等。

② 主要不同点可分为以下两点：1. 人类发展指数是用几何平均数的方法测算的，而本书确定的金融排斥指数测算方法是计算实际值与理想值的距离。2. 确定最大值和最小值的方法不同，人类发展指数的最大值和最小值是先前设定的，而本书确定的测算金融排斥指数的维度的最大值和最小值是根据样本的实际情况设定的。

测算金融排斥指数的重点和难点可分为以下三方面：一是确定金融排斥的评价维度；二是确定各个维度在计算金融排斥指数时所占的权重；三是确定各个维度的评价指标的最大值和最小值。

四　各维度权重的确定方法

本书构建的衡量金融排斥的四个维度的重要程度是相当的，在理想情况下它们的权重都应为 1，但各个维度的具体评价指标的权重是需要计算的。由于本书构建的金融排斥指数是一个相对的计算值，因此本书采用变异系数法测算各个指标的权重。变异系数法的内涵是在用多个指标对一个问题进行综合评价时，如果一项指标的变异系数较大，则说明这个指标在衡量这个问题的差别方面具有较大的能力，那么这个指标就应该赋予较大的权重；反之，则赋予较小的权重。在赋予各指标权重时，采用各指标的变异系数占所有指标变异系数之和的比值表示。具体的计算步骤和公式如下：

首先计算各指标的变异系数，计算公式如式（3—4）。

$$CV_i = \frac{S_i}{\overline{X}_i} \quad i = 1, 2, \cdots, n \qquad (3—4)$$

在式（3—4）中，CV_i 代表各个指标的变异系数，S_i 代表各个指标的标准差，$\overline{X}_i$ 代表各个指标的平均数。计算出变异系数后，各个指标的权重计算方法如公式（3—5）。

$$w_i = \frac{CV_i}{\sum\limits_{i=1}^{n} CV_i} \quad i = 1, 2, \cdots, n \qquad (3—5)$$

根据式（3—4）和式（3—5），利用相关数据，即可得到相应的农村金融排斥衡量维度的权重。

第三节 基于省际数据的农村地区金融排斥程度的测度

为研究农村地区金融排斥程度，本书在金融排斥指数的基础上构建相应指标体系，利用 2006—2010 年的数据对我国各省区农村金融排斥程度进行分析，然后利用 2010 年的相关数据对陕西省县域农村金融排斥状况进行分析，探讨县域农村金融排斥的状况。

一 具体评价指标及各个指标权重的确定

由于银行服务是最基础的金融服务，很多金融服务都是建立在银行服务的基础上的，而且银行服务也是我国农村居民最迫切需要的金融服务（如贷款），所以本书使用银行服务的相关指标和数据对农村金融排斥进行测度，这可以在很大程度上反映金融排斥程度的实际水平。用银行排斥代替金融排斥也是国际学术界的通行做法（Mandira Sarma，2010）。

根据金融排斥指数构建的目标和原则，结合金融排斥指数测算公式和数据的可得性，本书确定了农村金融排斥的具体评价指标，见表 3—2。

表 3—2　　　　农村金融排斥指数的具体评价指标

维度	名称	指标	指标性质
1	金融服务的深度	农村地区平均每人的储蓄存款余额	正向指标
		农村地区平均每人的贷款余额	正向指标
2	金融服务的可得度	农村地区每万人拥有的银行营业网点数	正向指标
		农村地区每万人拥有的银行业服务人员数	正向指标
3	金融服务的使用度	农村地区获得贷款的企业占比	正向指标
		农村地区获得银行业金融机构贷款的农户占比	正向指标

续表

维度	名称	指标	指标性质
4	金融服务的可负担度	农村地区人均贷款水平占人均收入水平的比重	逆向指标

在金融服务的深度维度中，本书选用农村地区平均每人的储蓄存款余额和贷款余额表示；用农村地区每万人拥有的银行营业网点数和每万人拥有的银行业服务人员数作为金融服务的可得度维度的评价指标；用农村地区获得贷款的企业占所有农村地区的企业的比重和农村地区获得银行业金融机构贷款的农户占所有农户的比重来表示金融服务的使用度维度；农村地区人均贷款水平占人均收入水平的比重可以表示贷款水平是不是在农村人口的负担范围之内，因为如果人均贷款水平超过人均收入水平太多，农户可能无法承受起所要归还的贷款本金和利息，因此本书用农村地区人均贷款水平占人均收入水平的比重来表示金融服务的可负担度维度。

本书所用的各个指标的数据来源于中国人民银行发布的《2010 年中国区域金融运行报告》、中国银监会网站发布的《中国银行业农村金融服务分布图集》、中国统计年鉴、中国金融年鉴等全国 31 个省区（不包括香港、澳门和台湾）的数据资料。根据所得数据及确定的各维度的评价指标权重的计算公式，可以计算出各评价指标的权重。需要指出的是，本书所构建的各个维度的评价指标有可能不能完全涵盖各维度的全部内涵，但可以确定的是它们都是所在维度的重要方面，因此本书把各个维度的权重设定为 1，各评价指标的权重按照确定的方法进行计算，具体计算结果见表 3—3。

二 测度结果

根据有关数据和农村金融排斥指数的计算公式，结合已经确定的权重，可以对 2006—2010 年我国各省区农村金融排斥指数进行测度，并可以利用金融排斥指数的大小确定农村金融排斥的具体程度，具体测度结果见表 3—4。

由表 3—4 可以看出，我国各省区的农村金融排斥程度都比较严重。在 2006—2010 年的 5 年间，只有 2007 年相比于 2006 年大部分省区的农村金融排斥指数有小幅度的下降，2008 年、2009 年、2010 年等年份大部分省区的农村金融排斥都有增大的趋势，并在 2010 年达到 5 年中的最大值，这说明我国各省区农村金融排斥程度在 2006—2010 年间有加重的趋势。从总体上来看，我国东部各省区农村金融排斥程度较低，中部地区次之，西部地区农村金融排斥程度较高，这说明我国各省区农村金融发展不平衡，东部地区农村金融相对发达，而西部地区农村金融相对落后。

从各年的数据来看，2006 年各省区农村金融排斥指数最小的为天津（0.465），最大的为宁夏（0.754）；2007 年各省区农村金融排斥指数最小的还是天津（0.410），最大的为新疆（0.694）；2008 年农村金融排斥指数最小的省区为山西（0.488），最大的省区为青海（0.916）；2009 年农村金融排斥指数最小的省区为北京（0.538），最大的省区为江西（0.759）；2010 年农村金融排斥指数最小的省区为内蒙古（0.539），最大的省区为浙江（0.784）。

从陕西省农村金融排斥指数的数值来看，2006—2010 年陕西农村金融排斥指数的数值分别为 0.643、0.500、0.657、0.628 和 0.710，2006 年、2008 年和 2009 年基本持平，2009 年出现短暂下降，2010 年达到最大值。因此，陕西省农村金融排斥程度的变化趋势与全国各省区农村金融排斥程度的变化趋势一致。从农村金融排斥指数的具体数值来看，陕西省的农村金融排斥指数基本上处于全国平均水平。在西部各省区中，陕西农村地区金融排斥程度相对较轻。

表 3—3　2006—2010 年我国省际农村金融排斥指数评价指标的权重

指标	2006 年				2007 年				2008 年				2009 年				2010 年			
	平均数	标准差	变异系数	权重	平均数	标准差	变异系数	权重	平均数	标准差	变异系数	权重	平均数	标准差	变异系数	权重	平均数	标准差	变异系数	权重
农村地区平均每人的储蓄存款余额	0.73	0.48	0.66	0.47	0.80	0.50	0.63	0.45	0.89	0.53	0.59	0.44	1.11	0.75	0.68	0.43	1.33	0.82	0.62	0.42
农村地区平均每人的贷款余额	0.59	0.44	0.74	0.53	0.72	0.57	0.78	0.55	0.70	0.53	0.76	0.56	0.98	0.88	0.89	0.57	1.24	1.07	0.87	0.58
农村地区每万人拥有的银行营业网点数	1.36	0.32	0.24	0.42	1.34	0.34	0.25	0.42	1.29	0.31	0.24	0.33	1.24	0.39	0.31	0.44	1.27	0.34	0.27	0.30
农村地区每万人拥有的银行业服务人员数	13.29	4.31	0.32	0.58	13.78	4.86	0.35	0.58	14.54	7.05	0.48	0.67	13.75	5.42	0.39	0.56	16.97	10.76	0.63	0.70
农村地区获得贷款的企业占比	0.40	0.27	0.68	0.56	0.38	0.26	0.67	0.55	0.30	0.30	0.99	0.65	0.45	0.73	1.62	0.75	0.50	0.91	1.80	0.77
农村地区获得银行业金融机构贷款的农户占比	0.40	0.21	0.53	0.44	0.41	0.23	0.55	0.45	0.33	0.17	0.52	0.35	0.32	0.17	0.55	0.25	0.31	0.16	0.53	0.23
农村地区人均贷款水平占人均收入水平的比重	1.45	0.54	0.37	1.00	1.56	1.00	0.64	1.00	1.42	0.83	0.58	1.00	1.63	0.78	0.48	1.00	1.82	0.83	0.45	1.00

表 3—4 2006—2010 年各省区农村金融排斥指数测度值

地区	2006 年	2007 年	2008 年	2009 年	2010 年	最大值	最小值	标准差	平均值
北京	0.607	0.495	0.547	0.538	0.603	0.607	0.495	0.042	0.558
天津	0.465	0.410	0.522	0.580	0.643	0.643	0.410	0.082	0.524
河北	0.569	0.534	0.632	0.628	0.719	0.719	0.534	0.063	0.617
山西	0.565	0.468	0.488	0.634	0.676	0.676	0.468	0.081	0.566
内蒙古	0.554	0.435	0.566	0.646	0.539	0.646	0.435	0.068	0.548
辽宁	0.521	0.461	0.522	0.597	0.677	0.677	0.461	0.074	0.556
吉林	0.499	0.449	0.598	0.586	0.688	0.688	0.449	0.083	0.564
黑龙江	0.514	0.480	0.612	0.618	0.653	0.653	0.480	0.066	0.575
上海	0.542	0.517	0.653	0.656	0.687	0.687	0.517	0.068	0.611
江苏	0.667	0.548	0.637	0.694	0.739	0.739	0.548	0.064	0.657
浙江	0.753	0.483	0.592	0.756	0.784	0.784	0.483	0.117	0.674
安徽	0.628	0.636	0.667	0.669	0.760	0.760	0.628	0.047	0.672
福建	0.590	0.531	0.625	0.635	0.714	0.714	0.531	0.060	0.619
江西	0.627	0.635	0.691	0.759	0.733	0.759	0.627	0.052	0.689
山东	0.626	0.522	0.640	0.655	0.721	0.721	0.522	0.064	0.633
河南	0.636	0.634	0.692	0.673	0.644	0.692	0.634	0.023	0.656
湖北	0.666	0.680	0.694	0.621	0.686	0.694	0.621	0.026	0.670
湖南	0.627	0.635	0.692	0.636	0.572	0.692	0.572	0.038	0.632
广东	0.601	0.602	0.644	0.642	0.693	0.693	0.601	0.034	0.636
广西	0.695	0.648	0.713	0.677	0.770	0.770	0.648	0.041	0.701
海南	0.575	0.566	0.669	0.620	0.733	0.733	0.566	0.062	0.633
重庆	0.640	0.655	0.716	0.661	0.739	0.739	0.640	0.038	0.682
四川	0.640	0.617	0.658	0.647	0.741	0.741	0.617	0.042	0.661
贵州	0.700	0.689	0.699	0.702	0.775	0.775	0.689	0.031	0.713
云南	0.749	0.656	0.716	0.551	0.773	0.773	0.551	0.079	0.689
西藏	0.665	0.631	0.704	0.645	0.743	0.743	0.631	0.041	0.678
陕西	0.643	0.500	0.657	0.628	0.710	0.710	0.500	0.069	0.628
甘肃	0.643	0.636	0.706	0.607	0.755	0.755	0.607	0.054	0.669

续表

地区	2006 年	2007 年	2008 年	2009 年	2010 年	最大值	最小值	标准差	平均值
青海	0.659	0.604	0.916	0.672	0.742	0.916	0.604	0.108	0.719
宁夏	0.754	0.570	0.654	0.722	0.781	0.781	0.570	0.076	0.696
新疆	0.650	0.694	0.629	0.579	0.726	0.726	0.579	0.051	0.656

第四节　基于县域数据的农村地区金融排斥程度的测度

为进一步对农村地区金融排斥的程度进行分析，本书基于农村金融排斥指数和构建的具体评价指标，利用 2010 年陕西省县域的农村金融相应数据，对 2010 年陕西省县域的农村金融排斥指数进行测度。

一　具体评价指标权重的确定

本书所使用的 2010 年陕西省县域的相关数据，来源于中国银监会网站发布的《中国银行业农村金融服务分布图集》、2011 年陕西统计年鉴等。为确保数据的准确性，在数据整理过程中，剔除了陕西省的全部 108 个县（市、区）中的 25 个区，并将在"农村地区获得贷款的企业占比"这一指标中存在明显问题的扶风县剔除，最后得到 82 个有效样本县。根据已经确定的金融排斥的四个维度和具体评价指标，结合金融排斥指数的测算公式，可以确定各个评价指标的权重，具体见表3—5。

表 3—5　　2010 年陕西省县域农村金融排斥评价指标权重

指标	平均值	标准差	变异系数	权重
农村地区平均每人的储蓄存款余额	1.11	0.77	0.70	0.37
农村地区平均每人的贷款余额	0.75	0.90	1.19	0.63

续表

指标	平均值	标准差	变异系数	权重
农村地区每万人拥有的银行营业网点数	1.60	0.64	0.40	0.54
农村地区每万人拥有的银行服务人员数	14.55	5.02	0.34	0.46
农村地区获得贷款的企业占比	0.78	1.93	2.48	0.74
农村地区获得银行业金融机构贷款的农户占比	0.52	0.46	0.89	0.26
农村地区人均贷款水平占人均收入水平的比重	1.48	1.24	0.83	1.00

二 测度结果

根据确定的2010年陕西县域农村金融排斥评价指标的权重，结合金融排斥指数的测算方法和相关数据，可以对2010年陕西省县域农村金融排斥指数进行测度，测度结果见表3—6。

从表3—6中可以看出，本书确定的82个县级样本中，农村金融排斥指数的平均值为0.705，2010年陕西省的农村金融排斥指数的数值为0.710，这说明基于县域数据和省际数据对2010年陕西省农村金融排斥指数的测算数值是基本一致的。从各县的具体测算数值来看，82个样本县中农村金融排斥指数最小的为岐山县（0.544），农村金融排斥指数最大的为府谷县（0.798）。进一步分析所得的农村金融排斥测度值可以得出，82个样本县所得测度值的极差为0.254，标准差为0.042，这说明所得测度值的离散程度较低，说明2010年陕西县域农村金融排斥差距并不是特别明显。从所测数据来看，各地区农村金融排斥程度的分布并没有明显的分布规律。

表 3—6　　　　2010 年陕西省县域农村金融排斥指数测度值

地区	IFE	地区	IFE	地区	IFE	地区	IFE
蓝田	0.748	淳化	0.741	洛川	0.661	佳县	0.778
周至	0.764	武功	0.756	宜川	0.700	吴堡	0.702
户县	0.682	兴平	0.739	黄龙	0.640	清涧	0.754
高陵	0.702	华县	0.704	黄陵	0.649	子洲	0.779
宜君	0.699	潼关	0.681	南郑	0.720	汉阴	0.738
凤翔	0.738	大荔	0.754	城固	0.716	石泉	0.684
岐山	0.544	合阳	0.752	洋县	0.694	宁陕	0.655
眉县	0.723	澄城	0.714	西乡	0.712	紫阳	0.751
陇县	0.710	蒲城	0.744	勉县	0.693	岚皋	0.698
千阳	0.697	白水	0.727	宁强	0.709	平利	0.739
麟游	0.693	富平	0.749	略阳	0.663	镇坪	0.698
凤县	0.629	韩城	0.685	镇巴	0.739	旬阳	0.735
太白	0.628	华阴	0.686	留坝	0.632	白河	0.697
三原	0.713	延长	0.717	佛坪	0.632	洛南	0.723
泾阳	0.684	延川	0.710	神木	0.677	丹凤	0.720
乾县	0.746	子长	0.742	府谷	0.798	商南	0.712
礼泉	0.754	安塞	0.667	横山	0.750	山阳	0.733
永寿	0.661	志丹	0.656	靖边	0.691	镇安	0.622
彬县	0.696	吴起	0.669	定边	0.706	柞水	0.664
长武	0.712	甘泉	0.671	绥德	0.748		
旬邑	0.677	富县	0.669	米脂	0.745		

第五节　基于农户调查数据的农村金融排斥程度的测度

　　为进一步分析农村地区金融排斥的程度，笔者对陕西省宝鸡、咸阳、西安、渭南、榆林、商洛等地农户的农村金融状况进行了实地调研，希望通过实地调研数据，以农户的视角分析农村地区金融排斥的程度。调研中采取入户访谈的调查方式，有效保证了数据的有效性。调研过程中共调查农户 513 户，在数据整理过程中去除数据不可靠或不全的 41 个农户样本，最终得到有效样本 472 个，问卷有效率为 92%。在数据整理和研究过程中，针对有关数据笔者又进行了电话回访加以确认。在调研过程中采取的是随机抽样的方法，保证了样本的代表性。

一　基于农户视角的金融排斥类型分析

在我国农村金融市场上，金融排斥主要表现在以下几个方面：一是金融机构附加在金融产品和服务上的条件农户不易达到，如农户因为无法满足银行要求的抵押或担保的条件，而无法从银行获得需要的贷款；二是金融机构的金融产品和服务比较单一，而且主要定位于高端客户，无法满足中小农户的多样化的金融需求；三是金融机构提供的金融产品和服务的价格高出农户的接受范围，如农村金融机构提供的贷款产品的利率较高，农户无法承担而不得不放弃贷款；四是农户自认为在申请金融产品和服务的过程中，会被金融机构拒绝，而主动放弃申请金融产品和服务，从而被排斥在金融机构的服务范围之外。

通过大量的走访调查，笔者发现农村金融排斥在我国农村地区体现得比较明显，特别是在基金、保险、证券、理财等相对高端的金融产品和服务中体现得更为明显。值得指出的是，通过对陕西省农户的走访调查发现，鲜有农户涉足基金、商业保险、证券、理财等金融产品和服务，农户所能使用的金融产品和服务主要集中在储蓄和贷款两个方面。这说明农户在基金、商业保险、证券、理财等金融产品和服务方面受到的金融排斥是非常严重的，同时也说明现阶段我国西部地区农户需求最大的金融产品和服务是储蓄和贷款，这与西部地区农民收入水平较低、农村金融市场发展落后有着密切的关系。因此，本书在研究农户受金融排斥的影响因素时，主要研究农户受储蓄排斥和贷款排斥的影响因素。

二　基于农户视角的金融排斥程度分析

在农户是否受到金融排斥的界定方面，本书借鉴李涛等
（2010）的研究方法，将农户是否受到贷款排斥界定为：如果
农户有贷款需求，但金融机构拒绝提供贷款服务或提供的贷款
金额小于农户申请的金额，或农户虽然有贷款需求，但由于不
懂贷款程序、不懂如何操作等各种原因而没有向金融机构提出
贷款申请，或金融机构提供的贷款产品的利率超出农户的承受
范围而使农户不得不放弃贷款，或金融机构提供的贷款产品的
期限、金额等不适合农户的需要而使农户放弃贷款，如果农户
在贷款过程中遇到以上几种情形则认为农户受到贷款排斥；如
果农户有贷款需求并从金融机构获得相应的全额贷款或者农户
没有贷款需求，则认为农户没有受到贷款排斥。将农户是否受
到储蓄排斥界定为：如果农户有储蓄需求，但农户因金融机构
提供的金融产品的收益率太低，没有选择储蓄产品转而投资于
其他产品，或金融机构提供的储蓄产品不适合农户的需求而没
有将资金存入银行，或由于农户不信任金融机构、到达金融机
构不方便等原因没有将资金存入银行，则认为农户受到储蓄排
斥；如果农户有储蓄需求并从金融机构获得相应的储蓄产品，
或农户没有储蓄需求，则认为农户没有受到储蓄排斥。

调研过程中，咸阳市选择武功、礼泉、泾阳三个县，共获
得有效农户样本 112 个；宝鸡市选择眉县、扶风、岐山三个
县，获得有效农户样本 106 个；西安市选择高陵和阎良两个
县，获得有效农户样本 81 个；渭南市选择大荔和富平两个县，
获得有效农户样本 78 个；榆林市选择神木和佳县两个县，获
得有效农户样本 53 个；商洛市选择商州区一个县，获得有效
农户样本 42 个。表 3—7 是农户受到金融排斥的原因及占比情

况分析。

表 3—7　　　　　　　农户受到金融排斥的原因及占比情况

金额排斥类型	是否受到金融排斥	受到金融排斥的原因	农户数量（户）	占比（%）	
贷款排斥	没有受到贷款排斥	农户没有贷款需求	105	22.25	37.50
		农户获得全部申请的贷款	72	15.25	
	受到贷款排斥	农户获得部分申请的贷款	84	17.80	62.50
		农户无法满足金融机构的抵押、担保条件，而没有获得贷款产品	46	9.75	
		贷款产品利率超出农户的承受范围，使农户没有获得贷款产品	61	12.92	
		贷款产品的期限、金额等不适合农户的需求，使农户没有获得贷款产品	27	5.72	
		农户不懂贷款申请程序或认为自己申请贷款也会被金融机构拒绝而直接放弃贷款	53	11.23	
		金融机构因为农户的诚信记录等问题直接拒绝农户的贷款申请	24	5.08	
储蓄排斥	没有受到储蓄排斥	农户没有储蓄需求	53	11.23	69.49
		农户获得所需要的储蓄产品	275	58.26	
	受到储蓄排斥	农户因为金融机构提供的储蓄产品利率太低，而选择其他投资方式	87	18.43	30.51
		农户对金融机构不信任而没有选择使用储蓄产品	24	5.08	
		农户到达金融机构不方便而放弃选择储蓄产品	21	4.45	
		金融机构提供的金融产品不适合农户的需要，而使农户放弃选择储蓄产品	12	2.54	

从表 3—7 中可以看出，在调查的 472 个农户样本中有 177 个农户没有受到贷款排斥，占调查总数的 37.50%，有 295 个农户受到贷款排斥，占调查总数的 62.50%，这说明被调查的农户贷款排斥是比较严重的。在农户受贷款排斥的原因中，有 84 个农户是因为仅从金融机构获得了部分申请的贷款，并没有全额得到所申请的贷款，相比之下，在被调查的农户中，仅有 72 个农户获得了全额贷款，这是因为金融机构为使损失降到最低，在农户向金融机构提出贷款申请时，金融机构会根据农户承担损失的能力、盈利能力、资产状况、信用状况等方面对农户进行评估，如果农户在这些方面表现稍差，金融机构往往不会向农户提供全额贷款，以降低其贷款风险，造成贷款排斥。有 46 个农户因为无法满足金融机构所要求的抵押、担保条件而放弃使用贷款产品，占被调查农户总数的 9.75%。贷款产品的利率超出农户的承受范围，使农户没有获得贷款产品而受到贷款排斥的农户有 61 个，占被调查农户的 12.92%，是农户受到贷款排斥的第二大原因，这说明贷款产品的利率是影响农户是否使用贷款产品的重要原因。贷款产品的期限、金额等不适合农户的需求，而没有获得贷款产品的农户有 27 个，占被调查农户的 5.72%。在被调查的农户中有 53 个因为不懂贷款申请程序或认为自己申请贷款也会被金融机构拒绝而直接放弃贷款，占总数的 11.23%，这说明自我排斥也是农户受到贷款排斥的重要原因。因为诚信记录等问题直接被金融机构拒绝提供贷款产品的农户有 24 个，占被调查农户的 5.08%。通过以上分析可以得出，农户受到贷款排斥的主要原因是得不到申请的全部贷款、贷款产品的利率过高、农户的自我排斥等。

储蓄排斥中，被调查的农户中有 328 个农户没有受到储蓄排斥，占被调查农户的 69.49%，有 144 个农户受到储蓄排斥，占被调查农户的 30.51%，这说明大多数农户没有受到储蓄排斥。从农户受到储蓄排斥的原因来看，有 87 个农户是因为金融机构提供的储蓄产品利率太低而选择其他投资方式，是农户受储蓄排斥的第一大原因，这说明自我排斥是农户受储蓄排斥的主要原因。其他原因方面，对金融机构不信任而没有选择使用储蓄产品的被调查农户有 24 个，因为到达金融机构不方便而放弃选择储蓄产品的农户有 21 个，因为金融机构提供的金融产品不适合自身需要，而放弃使用储蓄产品的农户有 12 个，这三个原因分别占被调查农户的 5.08%、4.45%、2.54%，占比相对较低，这说明这些原因并不是农户是否受储蓄排斥的主要原因。

第六节　本章小结

本章对农村地区金融排斥的程度进行了测度。在研究过程中，首先以陕西省为例对农村金融体系的历史变迁和现状进行了分析。陕西省农村金融发展具有悠久的历史，从公元前 11 世纪的西周时期至今，陕西农村金融体系一直没有停止发展的步伐。目前，经过多年的发展，陕西地区已经逐步建立起了以合作性金融机构、政策性金融机构和商业性金融机构为支柱的，以邮政储蓄银行、新型农村金融机构为补充的农村金融体系。

通过研究已有文献发现，就目前所能利用的数据和方法而言，试图利用六维标准比较准确地衡量和测度金融排斥程度是存在很大困难的。因此，本章从一个新的角度建立衡量金融排斥的新的维度体系，并利用相应的指标体系构建金融排斥指数，对金融排斥程度进行科学测度和分析。在确定了金融排斥指数构建的目标和原则的基础上，本章将金融排斥的维度确定为金融服务的深度、金融服务的可得度、金融服务的使用度和金融服务的可负担度四个维度，并借鉴人类发展指数的计算方法构建了基于距离的金融排斥指数测算公式。

根据金融排斥指数的测算公式，本章确定了金融排斥四个维度的具体评价指标，利用 2006—2010 年的数据对我国各省区农村金融排斥程度进行了分析，并确定陕西省农村金融排斥在全国各省区中所处的水平和变化趋势，同时利用 2010 年的相关数据对陕西省县域农村金融排斥状况进行了分析，以确定陕西县域农村金融排斥的状况。研究发现，我国各省区农村金融排斥程度在 2006—2010 年间有加重的趋势，而且从总体上看，我国东部各省区农村金融排斥程度较低，中部地区次之，西部地区农村金融排斥程度最高。陕西省农村金融排斥程度在 2006—2010 年间的变化趋势与全国各省区的变化趋势基本一致，从金融排斥指数的具体数值来看，陕西省基本处于全国平均水平，与西部地区其他省区相比，陕西省农村金融排斥程度较低。从县域农村金融排斥的状况来看，各县农村金融排斥程度是较为严重的，但各县农村金融排斥指数的测算值的差距不大，而且各县农村金融排斥指数的测算值的平均数与基于省际数据对陕西省农村金融排斥指数的测算值基本一致。

为分析农户受金融排斥的具体程度，本章依据陕西省的 472 个农户的调研数据，对农户受贷款排斥与储蓄排斥的程度进行了分析与探讨。研究发现，被调查的农户中有 62.50% 的农户受到了贷款排斥，有 30.51% 的农户受到了储蓄排斥。农户受到贷款排斥的主要原因是得不到申请的全部贷款、贷款产品的利率过高和农户的自我排斥，农户受到储蓄排斥的主要原因是自我排斥。

第四章 农村地区金融排斥的形成机理

本书第三章对我国各省区 2006—2010 年的农村金融排斥程度、陕西省各县域农村金融排斥程度以及农户受金融排斥的程度进行了分析，通过研究发现，我国各省区农村金融排斥程度在 2006—2010 年间有加重的趋势，陕西省县域农村金融排斥程度也较高，且农户受金融排斥程度也较为严重。金融排斥问题的存在对我国农村经济增长和农村居民收入的提高都有不利影响（田杰、陶建平，2011；2012）。因此，破解金融排斥难题已经成为我国经济社会发展的必然选择。2010 年中央一号文件提出"抓紧制定对偏远地区新设农村金融机构费用补贴等办法，确保 3 年内消除基础金融服务空白的乡镇"，表明国家已经重视并试图消除金融排斥（李春霄、贾金荣，2012）。在我国农村金融排斥程度较为严重的大背景下，了解农村金融排斥程度的形成机理，对于有的放矢采取相应破解措施具有重要意义。因此，本章试图对农村地区金融排斥的形成机理进行分析和探讨。

本章首先从需求和供给、农村金融排斥的传导路径等方面对农村地区金融排斥形成机理进行理论分析，然后对 2006—2010 年我国各省区农村金融排斥程度的影响因素进行分析，找出农村金融排斥程度省际差异的宏观影响因素，并对陕西省县域农村金融排斥程度的影响因素进行分析，从较为微观的角度分析农村金融排斥的影响因素，最后根据调研数据对农户受金融排斥的影响因素进行分析，探讨农户是否受到金融排斥的影响因素。

第一节　农村地区金融排斥形成机理的理论分析

金融排斥的形成是一个复杂的过程，是在一定的经济环境下，由金融产品和服务的需求方和供给方共同作用的结果，在金融需求者提出金融需求，金融供给方不能提供相应金融服务，使得金融需求方的需求得不到满足的情况下，才能形成金融排斥，而且金融排斥的形成还有一定的传导路径。

一　基于需求和供给的分析

徐少君（2008）的研究认为，金融排斥可以分为需求诱导型金融排斥和供给诱导型金融排斥两大类，金融排斥是需求和供给双方共同作用的结果。从需求方面来看，农村金融的需求方主要为农户、农村企业、农村集体等，需要的金融产品主要为储蓄、信贷、汇兑、保险等基础金融产品，对期货、期权、掉期等衍生金融产品的需求较少。农村金融的需求方是否对相应金融产品拥有需求，主要考虑以下几方面的因素：一是该金融产品和服务的收益，如储蓄产品的利息收入，生产型信贷产品的产出收益，婚丧嫁娶、教育、卫生健康等信贷产品的潜在收益和预期收益等；二是该金融产品和服务的成本，如储蓄产品的手续费和未进行其他投资的机会成本，信贷产品的手续费和利息支出等；三是需求方的金融知识和相关经历，如果农村金融需求方的金融知识比较欠缺，或具有曾经在申请金融产品和服务时被金融机构拒绝或亲朋好友被拒绝的经历，这些都可能会导致金融需求方主动放弃申请金融产品和服务；四是其他因素，如经济金融形势与环境、家庭与金融机构之间的距离、收入状况、受教育程度等。农村金融需求方是否向金融机构提出金融产品和服务的需求主要是对以上因素的综合考量。农村金融需求方在考量以上因素后，认为自己对某种金融产品和服务具有实际需求，并向农村金融机构提出该金融产品和服务的申请，如果金融机构向其提供该产品和服务，则该金融需求方未受到金融排斥，如果金融机构拒绝向其提供产品和服务，则该金融需求方受到金融排斥；如果农村金融需求方在考虑以上因素后认为自己对某种金融产品和服务并没有实际需求，那么不管农村金融机构是否向其提供该产品和服务，金融需求方都没有受到金融排斥。

从供给方面来看，对于农村金融机构而言，是否向农村金融需求方提供金融产品和服务的主要着眼点是利润的最大化或投资者利益的最大化，具体来看，农村金融机构是否提供金融产品和服务主要考虑以下几方面的因素：一是提供金融产品和服务的成本，如提供产品和服务所需要付出的员工的工资、办公场所的房租、设备成本、资金成本等；二是提供金融产品和服务的收益，如通过储蓄产品吸收的存款，并以其进行贷款的潜在收益，信贷产品的利息收益等；三是提供金融产品和服务所承担的风险，如金融需求方的资信、收入、违约率等；四是其他因素，如金融机构的定位、发展战略、营销策略等。农村金融机构是否向农村金融需求方提供金融产品和服务主要是对以上因素综合考量的结果。农村金融机构在考量以上因素后，决定向农村金融需求方提供某种金融产品和服务，则说明不存在金融排斥，如果决定不提供该金融产品和服务，在金融需求方对该产品和服务有实际需求时，就会引起金融排斥。

综合来看，农村金融排斥是需求和供给共同作用的结果，具体来看，可分为两种情形：一种是农村金融供给方提供某种金融产品和服务，农村金融需求方对该产品和服务拥有实际需求，但由于各种原因并没有向金融机构提出使用申请，从而形成金融排斥，即为自我排斥；另一种是农村金融需求方对某种金融产品和服务拥有实际需求，并向农村金融供给方提出使用申请，但供给方由于各种原因拒绝向需求方提供该产品和服务，从而形成金融排斥。如果农村金融供给方提供金融产品和服务，农村金融需求方对该产品和服务拥有实际需求，并最终获得和使用该产品和服务，或农村金融需求方对该产品和服务并没有实际需求，这些情形都不能形成农村金融排斥。

二　农村金融排斥的传导路径

谢欣（2010）在研究中借鉴澳大利亚的相关研究成果确定了金融排斥的传导路径，认为金融排斥的形成与宏观环境、个人特征和社会法规环境密切相关。查克拉巴蒂（Chakrabarty，2006）研究了金融包容的传导路径，认为金融包容的形成与宏观环境、个人特征、商业法规环境等相关。借鉴谢欣和查克拉巴蒂的相关研究，本书分析了农村金融排斥的传导路径，具体见图4—1。

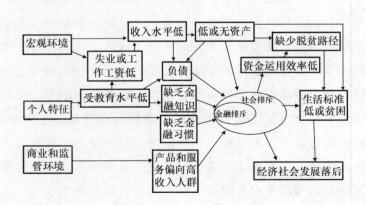

图4—1　农村金融排斥传导路径

从图4—1中可以看出，农村金融排斥的形成受宏观环境、个人特征、商业和监管环境的影响。其中：宏观环境引起农村居民的失业、工资水平低，这些都会引起居民的收入水平低，居民为保证正常生活必须负债；个人特征中的受教育水平低，导致了金融知识和金融习惯的缺乏；商业和监管环境导致农村金融机构的产品和服务偏向高收入的人群。负债、缺乏金融知识、缺乏金融习惯、产品和服务偏向高收入的人群最终导致了金融排斥的形成。农村金融排斥的存在导致农村地区金融需求得不到满足，资金运用效率低，从而使农村地区脱贫致富的途径比较缺乏，最终导致了农村地区经济社会发展的落后。

第二节　农村地区金融排斥形成的影响因素分析

一　农村金融排斥程度省际差异的影响因素分析

（一）理论分析

从本书的文献综述可以看出，国内外的专家学者们的研究认为一个地区的金融排斥程度受这个地区的经济发展速度、农业化水平、居民收入水平等经济因素的影响，也受地区就业状况、城市化水平、信息化水平等社会发展因素的影响，还受地区人口年龄结构、居民受教育水平、民族构成、地理位置等人文地理因素的影响。因此，为更好地区分这些因素对金融排斥程度的影响，本书把影响金融排斥程度的指标体系确定为经济因素、社会因素和人文地理因素三大指标体系。

1. 经济因素

冉茂盛等（2002）的研究指出，我国金融发展与经济增长之间存在因果关系，而且经济增长对金融发展的带动作用更为突出。因此，区域经济发展对其金融发展具有重要作用，也对区域金融排斥程度具有重要影响。经济的运行状况对金融发展具有重要影响（刘同山，2011），经济发展速度是一个地区经济运行状况的重要表现，可以反映区域发展的宏观环境。根据经验，一个地区的经济发展速度越快则需要的金融支持就越多，这个地区的金融排斥程度就应该相对较低。一个地区的商业文化环境为其金融创新和服务提供必要的外部条件（王伟等，2011），一般认为一个地区的农业化水平越高，其工商化水平越低，同时商业文化环境也越差，金融创新和服务也会相对较少，金融排斥程度也会相对越高；反之，金融排斥程度相对越低。收入水平对金融排斥具有显著的影响（凯普森、韦利，1999），一般情况下收入水平越高，金融排斥程度会越低。

2. 社会因素

一个地区的金融发展状况与其所处的社会环境密切相关，因此地区就业状况、城市化水平、居民住房拥有状况、信息技术水平等社会环境因素对地区金融排斥程度也具有一定影响。王伟等（2011）认为就业水平的高低直接导致金融排斥程度的动态变化，因此就业状况对金融排斥程度可能具有一定影响，一个地区的就业状况较好，意味着地区居民收入水平较高，则金融排斥程度就会较低。城乡二元结构对农村金融发展具有一定的不利影响（刘俊杰、王海洋，2009），如果一个地区的城市化水平较高，农村居民所占的比重较低，则该地区居民的医疗、养老等水平较高，金融排斥程度可能会较低。住房拥有状况是预测是否有金融排斥倾向的一个重要指标（英国金融服务监管局，2000），居民的住房拥有状况是一个地区社会发展的重要方面，居民住房拥有量和购买量较多则意味着居民在购房时需要的金融支持就越多，则可能在很大程度上反映了地区的金融排斥程度较低。居民家庭是否安装电话、使用网络等，将直接影响使用金融服务的便利性问题（徐少君、金雪军，2009），因为随着时代的发展，网上银行、电话银行等信息技术在金融服务中所起的作用越来越大，因此一个地区的信息技术的发展水平对其金融排斥程度也具有重要影响，地区信息技术水平越高，则其金融排斥程度可能越低。

3. 人文地理因素

区域民族构成、地理特征、人口年龄结构、居民受教育水平等人文地理因素对金融排斥程度也具有重要影响。田霖（2011）的研究认为，少数民族聚居区的居民收入水平较低，金融排斥程度也往往比较严重，因此一个地区是否为少数民族聚居地区可能会对其金融排斥程度产生一定的影响。王伟等（2011）以及田霖（2011）的研究都认为我国东、中、西部的地区差异对金融排斥程度的省际差异具有一定的影响。我国东、中、西部因为地理位置的不同，经济、社会、环境、生态等也具有比较明显的差别，因此地理位置的不同可能对各地区的金融排斥程度产生影响。一般认为，西部地区经济较为落后，环境相对恶劣，其金融排斥程度可能相对较高，中部次之，东部较低。贺加斯和奥唐纳（1997）的研究发现，儿童和老人可能更容易受到金融排斥，因此地区的人口年龄结构中如果儿童或者老人过多，则可能会增大地区金融排斥的程度。人力资本是影响金融发展的重要因素，人力资本越高，金融产品的供给能力越强（刘同山，2011），而居民受教育水平是一个地区人力资本水平的重要体现，居民受教育水平的高低决定着其金融知识的多少和金融产品的接纳能力的高低，因此地区居民的受教育水平越高，这个地区的金融排斥程度可能会越低，反之则会越高。

（二）指标体系

为分析农村金融排斥省际差异的影响因素，在相关理论分析的基础上，结合农村金融排斥的特殊性和数据的可获得性，本书确定了研究农村金融排斥省际差异的指标体系，具体见表4—1。经济因素中引入经济发展速度、农业化水平、收入水平三个指标，分别用第一产业 GDP 增长率、第一产业 GDP 占地区 GDP 的比重、农村居民人均纯收入表示，记为 gdp、agriculture、income；社会因素中引入就业状况、住房状况、信息技术水平三个指标，分别用第一产业就业人口占总就业人口的比重、农村地区人均住房总价值、农村每百户家庭电脑拥有量表示，记为 employ、house、computer；人文地理因素中引入民族构成、地理特征、居民的受教育水平三个指标，分别用民族地区虚拟变量、东部地区虚拟变量和西部地区虚拟变量、农村劳动力人口中文盲所占比重表示，记为 nationality、east 和 west、education。

表 4—1　　农村金融排斥程度影响因素指标体系及其含义

因素	指标	符号	指标含义
经济因素	经济发展速度	gdp	第一产业 GDP 增长率
	农业化水平	agriculture	第一产业 GDP 占地区 GDP 的比重
	收入水平	income	农村居民人均纯收入
社会因素	就业状况	employ	第一产业就业人口占总就业人口的比重①
	住房状况	house	农村地区人均住房总价值
	信息技术水平	computer	农村每百户家庭电脑拥有量
人文地理因素	居民的受教育水平	education	农村劳动力人口中文盲所占比重②
	民族构成	nationality	引入虚拟变量，将新疆、西藏、宁夏、内蒙古、广西五个少数民族聚居的自治区设为 1，其他地区设为 0
	地理特征	east	引入虚拟变量，如果一个地区属于东部地区则赋值为 1，不属于东部地区则赋值为 0
		west	引入虚拟变量，如果一个地区属于西部地区则赋值为 1，不属于西部地区则赋值为 0

---

① 各年数据中，2006 年的数据由于统计年鉴中并没有具体给出，因而缺失，本书用 2005 年和 2007 年相应数据的平均数对其进行近似表示。

② 各年农村劳动力人口中文盲所占比重用农村劳动力人口中不识字或识字较少的人口表示。

（三）研究方法

Tobit 模型是诺贝尔经济学奖获得者詹姆士·托宾（James Tobin）在研究耐用消费品的需求时于 1958 年提出的计量经济学模型，这个模型的一个显著特征是因变量都大于或者小于某个确定值，所以又被称为截断回归模型（Censored Regression Model）。Tobit 模型提出后得到了广泛的应用与验证。由于 Tobit 模型的因变量是截断数据，不适合用最小二乘法进行估计，但可以用最大似然法进行参数估计并得到一致估计量。本书确定的金融排斥程度是 0 ~ 1 之间的截断数值，符合 Tobit 模型的显著特征，因此本书选择 Tobit 模型对我国金融排斥省际差异的影响因素进行分析，并设定以下模型的表达式：

$$ife^* = \beta_i X_i + \varepsilon \quad \varepsilon \sim N(0, \sigma^2) \quad i = 1, 2, \cdots, n \quad (4\text{—}1)$$

$$ife = \begin{cases} ife^* & if \quad 0 < ife^* \leqslant 1 \\ 0 & otherwise \end{cases}$$

模型中，ife 表示各省金融排斥程度，ife^* 是 ife 的潜变量，X_i 是金融排斥影响因素的指标体系，β_i 是各影响因素的回归系数，ε 是随机扰动项，服从零均值、同方差、零协方差的正态分布。

（四）实证分析

为研究农村金融排斥省际差异的影响因素，根据确定的指标体系和研究方法，本书查阅并搜集了相关数据。数据来源于相关年份《中国统计年鉴》、《中国农村统计年鉴》、《中国人口和就业统计年鉴》等发布的 2006—2010 年各省区的相关数据，各地区农村金融排斥程度的数据采用第三章中测算的相关数据。本部分所使用的计量软件为 Eviews 6.0。

为消除数据的量纲对模型拟合的影响，本书先将农村居民人均纯收入、农村地区人均住房总价值、农村每百户家庭电脑拥有量进行对数变换，然后连同其他变量代入回归模型，得到计量结果，见表4—2。

从计量结果可以看出，在本书构建的指标体系中，第一产业 GDP 占地区 GDP 的比重、农村居民人均纯收入、农村劳动力人口中文盲所占比重、民族地区虚拟变量、东部地区虚拟变量和西部地区虚拟变量六个指标通过了显著性检验，而第一产业 GDP 增长率、第一产业就业人口占总就业人口的比重、农村地区人均住房总价值、农村每百户家庭电脑拥有量四个指标没有通过显著性检验，这说明农村金融排斥省际差异的影响因素主要受各地区农业化水平、收入水平、居民的受教育水平、民族构成和地理特征等因素的影响，而各地区的经济发展速度、就业状况、住房状况、信息技术水平等因素对农村金融排斥省际差异的影响不大。

第一产业 GDP 占地区 GDP 的比重对农村金融排斥程度省际差异的影响在1% 显著性水平下显著，且系数为 0.005663，说明第一产业 GDP 占地区 GDP 的比重对农村金融排斥程度具有正向的影响，同时也说明农业化水平与地区农村金融排斥程度正相关。通过数据可以看出，各省区第一产业 GDP 占地区 GDP 的比重最高的是海南省，2006—2010 年的比重分别是 32.7、29.5、30、27.9、26.1，比重最低的是上海市，分别为 0.9、0.8、0.8、0.8、0.7，由此可以看出，比重最高的省份和比重最低的省份的差距是较大的。农业是弱质产业，相对其他产业，农业需要较多的投入，而产出却相对较少。因此，一个地区农业化水平越高说明这个地区农业发展对农村金融需求就越大，在农村金融产品和服务供给水平一定的条件下，农村金融排斥的可能性就会增加。

表 4—2　　农村金融排斥程度省际差异影响因素回归结果

变量	系数	标准差	Z统计量	显著性水平
C	−0.178658	0.398507	−0.448319	0.6539
gdp	0.003070	0.003231	0.949976	0.3421
agriculture	0.005663 ***	0.001920	2.949669	0.0032
lg (income)	−0.115246 **	0.047478	2.427382	0.0152
employ	0.000319	0.001379	−0.231614	0.8168
lg (house)	−0.028903	0.024732	−1.168663	0.2425
lg (computer)	0.017805	0.011050	1.611374	0.1071
education	0.000995 *	0.000579	1.718376	0.0857
nationality	−0.048982 **	0.021613	−2.266367	0.0234
east	−0.040511 **	0.018694	−2.167098	0.0302
west	0.086955 ***	0.018770	4.632751	0.0000
R²	0.773447	Lg likelihood		189.1100

注：＊、＊＊、＊＊＊分别表示相应系数在10%、5%、1%的显著性水平下显著。

农村居民人均纯收入在 5% 的显著性水平下对农村金融排斥程度省际差异的影响显著，系数为 −0.115246，说明各地区农村居民人均纯收入对农村金融排斥程度具有负向的影响，同时也说明区域农村居民的收入水平对农村金融排斥程度具有负向的影响。李小建等（2006）研究指出，改革开放后一个地区"人均收入水平的高低"将是一个重要的影响因素，对我国很大一部分金融机构的布局产生影响，一个地区的收入水平越低，往往金融机构就会越少。因此，农村居民人均纯收入的高低决定了农村金融机构的数量，并通过农村金融机构的数量对地区农村金融排斥程度产生影响。2006—2010 年我国各地区的农村居民人均纯收入的差距较大，例如：2006 年农村居民人均纯收入水平最高的是上海市（9138.65 元），最低的是贵州省（1984.62元），两省市相差 7154.03 元；2010 年农村居民人均纯收入水平最高的是上海市（13977.96元），最低的是甘肃省（3424.65元），两省市相差 10553.31 元，这同时也说明各省区农村居民人均纯收入差距正在逐步扩大。收入水平较低，使得农村居民在使用金融产品时由于达不到金融机构要求的条件而受到重重限制和阻碍，造成金融排斥。

农村劳动力人口中文盲所占比重对农村金融排斥程度的省际差异的影响通过了 10% 的显著性水平检验，系数为 0.000995，说明农村劳动力人口中文盲所占的比重对农村金融排斥程度省际差异具有正向的影响，同时也说明农村居民的受教育程度对农村金融排斥程度具有负向的影响。文盲人口比重较高可能意味着居民的收入水平和金融知识水平较低，这在一定程度上会提高获取金融产品和服务的难度，进而增加金融排斥程度。

民族构成虚拟变量对农村金融排斥程度省际差异的影响通过了 5% 的显著性水平检验，系数为 −0.048982，说明民族构成对农村金融排斥程度省际差异具有负向的影响。新中国成立以来，党和国家高度重视少数民族的发展，先后成立了五个少数民族自治区，并采取各种优惠措施支持民族地区的发展，因此少数民族地区得到了较快的发展，与此同时，少数民族地区的农村金融事业也有了较快的发展，虽然与东部发达地区还有一定的差距，但是相对西部其他地区而言其农村金融发展是较快的，因此民族地区的农村金融排斥程度较低。

东部地区和西部地区虚拟变量对农村金融排斥省际差异的影响分别通过了 5% 和 1% 的显著性水平检验，且东部地区的影响系数为 −0.040511，西部地区的影响系数为 0.086955，说明东部地区特征对农村金融排斥程度具有负向的影响，西部地区特征对农村金融排斥程度具有正向的影响，同时也说明地理特征对我国各省区农村金融排斥程度具有显著的影响。我国东西部地区在经济、社会等各个方面的发展差距较大，东部地区相对发达，而西部地区相对落后，这就使得东西部地区的农村金融发展程度差距较大，东部较为发达，西部较为落后，而且东西部地区农村居民在收入水平、受教育水平、金融意识等方面存在较大差异，因此东西部地区农村金融排斥程度也会表现出较大差异。

第一产业 GDP 增长率对农村金融排斥程度省际差异的影响没有通过显著性检验，说明各地区的经济发展速度对农村金融排斥程度没有显著的影响。第一产业就业人口占总就业人口的比重对农村金融排斥程度省际差异的影响没有通过显著性检验，说明地区就业状况对农村金融排斥程度的影响不显著。农村地区人均住房总价值对农村金融排斥程度省际差异的影响没有通过显著性检验，说明地区住房状况对农村金融排斥程度的影响不显著。农村每百户家庭电脑拥有量对农村金融排斥省际差异的影响也没有通过显著性检验，说明地区信息技术水平对农村金融排斥程度没有显著的影响。

二　农村金融排斥程度县域差异的影响因素分析

为进一步研究陕西农村金融排斥程度的影响因素，本书在对农村金融排斥省际差异影响因素进行研究的基础上，利用县域数据对陕西省农村金融排斥程度县域差异的影响因素进行分析，从较为微观的视角探讨影响农村金融排斥程度的因素。

（一）指标选择和研究方法

根据本书确定的影响农村金融排斥程度的经济、社会、人文地理三方面的指标体系，结合县域数据的可获得性和准确性，本书确定了陕西省农村金融排斥程度县域差异的影响因素指标体系：GDP 增长率、第一产业 GDP 增长率、第一产业

GDP 占地区 GDP 的比重、农村居民人均纯收入、城镇居民可支配收入、地理特征等。县域经济增长速度可能对其农村金融排斥程度的高低有一定的影响，因此本书引入 GDP 增长率和第一产业 GDP 增长率两个指标，分别记为 gdp、rgdp；第一产业 GDP 占地区 GDP 的比重表示这一地区的农业化程度，县域农业化程度的高低可能对其农村金融排斥程度具有一定的影响，因此本书引入第一产业 GDP 占地区 GDP 的比重指标，记为 agriculture；农村居民人均纯收入表示一个地区农村居民的收入水平，农村居民收入水平的高低直接影响到农户获得金融服务的难易程度，因此其对农村金融排斥程度的高低会有一定的影响，所以本书引入农村居民人均纯收入指标，记为 rincome；现阶段，农村与城镇已经没有特别明显的界限，且多数金融机构都是向农村与城镇居民同时提供服务的，因此城镇居民人均可支配收入高低有可能会对金融机构产生影响，进而会影响到农村金融排斥程度的高低，所以本书引入城镇居民可支配收入指标，记为 uincome；虽然从第三章测度的陕西省县域农村金融排斥程度的结果来看，各地区农村金融排斥程度的分布并没有明显的分布规律，但是陕北、关中、陕南在自然环境、经济发展、社会发展等方面都存在差异，这对农村金融排斥程度可能会有一定的影响，因此为进一步分析陕北、关中、陕南地理特征对县域农村金融排斥程度的影响，本书引入两个地理特征虚拟变量，分别记为 shanbei 和 shannan，即该地区属于陕北地区则 shanbei 记为 1，否则为 0；该地区属于陕南地区则 shannan 记为 1，否则为 0。农村地区金融排斥程度县域差异影响因素的研究方法也采用 Tobit 模型。

（二）实证分析

根据确定的指标体系和研究方法，笔者查阅并搜集了相关数据。数据来源于 2011 年《陕西统计年鉴》、银监会发布的

《中国银行业农村金融服务分布图集》等陕西省 2010 年相关县域数据，县域农村金融排斥程度的数据采用第三章中测算的相关数据。本部分所使用的计量软件为 Eviews 6.0。

为消除数据的量纲对模型拟合的影响，先将农村居民人均纯收入、城镇居民人均可支配收入进行对数变换，然后连同其他变量代入回归模型，得到计量结果，见表 4—3。

从计量结果可以看出，GDP 增长率、第一产业 GDP 增长率、第一产业 GDP 占地区 GDP 的比重、城镇居民人均可支配收入四个因素对农村金融排斥程度县域差异的影响通过了显著性检验，说明这四个因素对农村金融排斥程度县域差异具有显著的影响；而农村居民人均纯收入和地理特征虚拟变量没有通过显著性检验，说明二者对农村金融排斥程度县域的影响并不显著。

表 4—3　　农村金融排斥程度县域差异影响因素回归结果

变量	系数	标准差	Z 统计量	显著性水平
C	0.101080	0.329036	0.307201	0.7587
gdp	− 0.183686 ***	0.043664	− 4.206786	0.0000
rgdp	0.151558 **	0.074768	2.027040	0.0427
agriculture	0.074387 *	0.039635	1.876794	0.0605
lg (rincome)	− 0.007751	0.020539	− 0.377394	0.7059
lg (uincome)	0.069352 **	0.027770	2.497342	0.0125
shanbei	0.000887	0.010870	0.081633	0.9349
shannan	− 0.002656	0.011375	− 0.233448	0.8154
R²	0.708960	Lg likelihood		155.2101

注：*、**、***分别表示相应系数在 10%、5%、1% 的显著性水平下显著。

GDP 增长率对县域农村金融排斥程度的影响通过了 1% 的

显著性水平检验，系数为－0.183686，说明 GDP 增长率对农村金融排斥程度县域差异具有负向的影响，GDP 增长率越高，县域农村金融排斥程度越低。GDP 增长率越高说明县域经济发展的活力越强，其金融发展活力也越强，因此农村金融排斥程度也会相对较低。第一产业 GDP 增长率对农村金融排斥程度县域差异的影响在 5% 显著性水平下显著，系数为 0.151558，说明第一产业 GDP 增长率对县域农村金融排斥程度具有正向的影响。第一产业 GDP 增长率越高，对农村金融服务的需求量就会越大，在现阶段农村金融供给一定甚至不足的情况下，农村金融服务需求的增大会造成一部分农村金融需求得不到满足，从而造成农村金融排斥。

第一产业 GDP 占地区 GDP 的比重对农村金融排斥程度县域差异的影响通过了 10% 的显著性水平检验，系数为 0.074387，说明第一产业 GDP 占地区 GDP 的比重对县域农村金融排斥程度具有正向的影响，第一产业 GDP 占地区 GDP 的比重越高，则地区金融排斥程度越高。第一产业 GDP 占地区 GDP 的比重越高，说明这一地区的农业化程度越高，而一个地区农业化水平越高说明这个地区农业发展对农村金融需求就越大，在农村金融供给一定的条件下，造成农村金融排斥的可能性就会增加。

城镇居民人均可支配收入对农村金融排斥县域差异的影响在 5% 显著性水平下显著，系数为 0.069352，说明城镇居民人均可支配收入对农村金融排斥县域差异具有正向的影响，城镇居民人均可支配收入越高则县域农村金融排斥程度越高。城镇居民人均可支配收入越高，其金融服务需求就越大。现阶段，我国金融机构一般都是面向城镇居民和农村居民同时提供金融服务的，在金融机构提供金融服务的能力一定的前提下，城镇居民的金融需求的满足会使得农户金融需求满足的可能性降低，造成农村金融排斥。而与此相对应的农村居民人均纯收入对县域农村金融排斥程度的影响却没有通过显著性检验，说明农村居民人均纯收入对县域农村金融排斥程度没有明显的影响。我国城乡金融发展不平衡，城市金融的发展在一定程度上抑制了农村金融的发展（王梦遥，2009），且农村金融市场形态低级，割据明显（乔桂明，2002），这些因素使得农村居民的金融需求一直处于边缘地位，而且可能使得农村居民的人均纯收入对农村金融排斥县域差异的影响不明显。

地理特征虚拟变量对农村金融排斥县域差异的影响没有通过显著性检验，说明地理特征对陕西省县域农村金融排斥程度没有显著影响，这也进一步证实了第三章得到的结论：陕西省县域农村金融排斥程度的分布并没有明显的规律。

三　基于农户视角的农村金融排斥影响因素分析

为进一步分析农村地区金融排斥的影响因素，本书根据对宝鸡、咸阳、西安、渭南、榆林、商洛等地农户的实地调研数据，结合第三章研究所得的相关结论，基于农户的视角分析陕西农村地区金融排斥的影响因素，探讨哪些因素影响农户是否受到金融排斥。

（一）指标选择

关于金融排斥的影响因素国内外专家学者们已经做了许多有益的探索。在研究文献中，很多文献都是对一个国家或地区的金融排斥状况的影响因素进行分析。例如，德富林（2005）对英国的金融排斥进行了研究，认为金融排斥受性别、社会阶层、年龄、家庭状况、家庭收入、种族、地域、受教育水平、就业状态、家庭成员、住房拥有状况、活期存款账户等因素的影响。田霖（2011）在分析我国金融排斥的城乡二元性时，认为金融排斥是需求引致、供给诱导和社会环境影响共同作用的结果，因此其在构建金融排斥影响因素的指标体系时，用收入、年龄、教育、种族、住房拥有状况、不愉快的金融借贷经历、心理因素等金融需求主体的特征来表示需求引致因素对金融排斥的影响；用产品的多样性、金融基础设施、地理便利性、市场营销策略、价格水平等表示供给诱导因素对金融排斥的影响；金融排斥的社会环境影响因素则用人口统计的变化、收入差距、劳动力的结构变动、社会支持、市场化程度等表示。研究结果表明，技术、收入、教育等各要素对城乡金融系统的作用渠道及影响程度是不同的。王伟等（2011）对我国金融排斥的空间差异和影响因素进行了分析，在研究金融排斥的影响因素时，他们构建了民族差异、地理特征、各省份人口年龄构成、人均收入、就业状况、金融知识、商业文化环境等影响因素指标体系，并运用 Tobit 模型对各指标对金融排斥的影响进行了实证分析，研究发现金融排斥程度的影响因素主要包括人口年龄结构、地理特征、人均收入和商业文化环境。

部分文献针对居民受金融排斥的影响因素进行了分析。例如，徐少君和金雪军（2009）在实地调查的基础上，利用 Probit 模型和 Logit 模型对浙江农户金融排斥的影响因素进行了研究，他们构建的金融排斥的影响因素体系包括收入、社会阶层、性别、年龄、受教育程度、雇佣状态、家庭状态、种族、家庭成员数、住房拥有状态、所处地区等指标。实证研究发现，农户收入、受教育程度对金融排斥中的储蓄排斥、贷款排斥、保险排斥等具有显著的负作用，家庭规模对金融排斥具有显著的正影响，而户主年龄、就业状态、耕地面积等因素对金融排斥的影响较小。李涛等（2010）基于 2007 年对我国 15 个城市的居民的调查数据，对我国城市居民的金融受排斥状况进行了研究，他们认为居民的性别、年龄、婚姻状况、受教育程度、健康状况、家庭结构、宗教信仰、种族、政治面貌等社会人口学特征会对其受金融排斥状况产生影响；居民的收入、家庭资产、家庭负债、信贷约束等经济财富特征也会影响其受金融排斥的状况；而居民的信任度、乐观度、风险态度、社会互助程度等因素同样也会对其受金融排斥的状况产生影响，通过Probit 模型实证分析发现，我国城市居民在储蓄、基金、保险、贷款等不同金融服务方面的受排斥状况有着不同的影响因素。

通过对已有文献的研究发现，区域金融机构的数量、区域金融服务人员的数量、农户与最近金融机构的距离等地区金融发展水平对农户是否受金融排斥具有一定影响；户主的年龄、性别、文化水平、健康状况、工作类型等农户的家庭人口学特征对农户受金融排斥也有一定影响；农户拥有的资源禀赋状况，如农户的收入、务农收入占比、是否拥有电脑、是否拥有电话、房屋价值、家庭资产、家庭劳动力数量等对农户是否受到金融排斥也有一定的影响；此外，农户对金融机构是否信任、农户对未来的发展是否乐观、农户的风险态度、农户的社会互助度、农户是否是村干部或农户是否有亲戚朋友在当地金融机构工作等，也会影响到农户是否受到金融排斥。

为保证数据的准确性、可获得性和代表性，本书确定农户的年龄、文化水平、工作类型、收入、务农收入占总收入的比重、劳动力数量、是否有电脑、是否有电话、是否担任村干部或是否有亲戚朋友在当地金融机构工作、对金融机构是否信任、社会互助度、距离最近金融机构的距离 12 个因素作为农户是否受金融排斥的影响因素，并对其进行实证分析。值得指出的是，本书研究的是农户受金融排斥的影响因素，通过调查发现，户主在农户家庭与金融机构进行交易的过程中是最重要的决策者和执行者，因此本书在研究中选用户主的年龄、文化水平、工作类型、对金融机构是否信任等指标作为农户受金融排斥的影响因素进行研究，各因素的含义、描述性统计和预期的影响方向见表4—4。

从表4—4中可以看出，在调查样本中户主的平均年龄为50.28岁，平均文化水平为初中，工作类型中边打工边务农的比较多；农户家庭的平均年纯收入为2.67万元，务农收入占总收入的平均比重为43.60%；平均每个家庭拥有的劳动力数量为2.87个；农户家庭拥有电脑的较少，但大多数家庭拥有电话，担任村干部和在当地金融机构有亲朋好友的家庭也较少；户主对金融机构的信任度的平均值为2.74，说明农户对金融机构的信任度普遍较低；而农户的社会互助度的平均值为4.21，说明农户在遇到困难时比较容易获得亲朋好友的帮助；农户距离最近的金融机构的距离为3.31千米，在这个距离上农户要到达金融机构大多需要借助交通工具。

通过第三章的研究已经得出62.5%的农户受到了贷款排斥，这也进一步证明陕西农村地区的金融排斥状况是比较严重的；30.51%的农户受到了储蓄排斥，虽然这个数值比贷款排斥低，但也说明农户受到的储蓄排斥比较严重。

表4—4　　　各变量的含义、描述性统计及预期影响方向

变量名称		变量含义与赋值	最大值	最小值	平均值	标准差	预期影响方向
x_1	年龄	户主的实际年龄（岁）	77	26	50.28	9.85	+／－
x_2	文化水平	户主受教育程度：文盲＝1，小学＝2，初中＝3，高中＝4，职业技术学院＝5，大专及以上＝6	6	1	2.99	0.73	－
x_3	工作类型	户主的工作类型：全职务农＝1，边打工边务农＝2，全职打工＝3，经商、从政等＝4	4	1	1.93	0.90	－

变量名称		变量含义与赋值	最大值	最小值	平均值	标准差	预期影响方向
x_4	收入	农户家庭的年纯收入（万元）	20	0.6	2.67	2.68	-
x_5	务农收入占总收入的比重	农户务农收入占总收入的百分比（%）	100	0	43.60	29.74	+／-
x_6	劳动力数量	农户家庭拥有的劳动力数量（个）	6	1	2.87	0.92	-
x_7	是否有电脑	农户家庭是否拥有电脑：是=1，否=0	1	0	0.07	0.25	-
x_8	是否有电话	农户家庭是否拥有电话：是=1，否=0	1	0	0.80	0.40	-
x_9	是否担任村干部或是否有亲戚朋友在当地金融机构工作	农户家庭是否有成员担任村干部或是否有亲戚朋友在当地金融机构工作：是=1，否=0	1	0	0.08	0.27	
x_{10}	对金融机构是否信任	户主对金融机构是否信任：非常不信任=1，不信任=2，不清楚=3，信任=4，非常信任=5	5	1	2.74	1.22	-
x_{11}	社会互助度	农户遇到困难时期朋友邻里是否愿意提供帮助：非常不愿意=1，不愿意=2，不清楚=3，愿意=4，非常愿意=5	5	1	4.21	0.92	-
x_{12}	距最近金融机构的距离	农户距最近金融机构的实际距离（千米）	15	0.1	3.31	2.29	+

（二）研究方法

根据以上对相关变量的界定可以看出，本书确定的被解释变量是虚拟变量，并且是二元选择变量，要研究给定特征个体的二元选择概率就需要建立二元选择模型，而 Probit 模型在研究二元选择模型中已得到了普遍的应用与验证。因此，本书也选择 Probit 回归模型来分析农户受金融排斥的影响因素，并设定模型的基本形式为：

$$p\ (y_1 = 1)\ = \Phi\ (\alpha_1 + \beta_{1i} x_i + \gamma_1 y_2 + \varepsilon_1)$$
$$i = 1, 2, 3, \cdots, 12 \tag{4—2}$$
$$p\ (y_2 = 1)\ = \Phi\ (\alpha_2 + \beta_{2i} x_i + \gamma_2 y_1 + \varepsilon_2)$$
$$i = 1, 2, 3, \cdots, 12 \tag{4—3}$$

模型（4—2）和模型（4—3）分别表示贷款排斥和储蓄排斥的影响因素回归方程，其中 y_1 表示农户是否受到贷款排斥，y_2 表示农户是否受到储蓄排斥，Φ (.) 为标准正态分布的累积函数，α_1 和 α_2 是两个模型的常数项，β_{1i} 和 β_{2i} 分别是两个模型中各影响因素的系数。值得指出的是，为研究贷款排斥和储蓄排斥是否相互影响，我们在模型中分别把储蓄排斥和贷款排斥作为解释变量引入模型，γ_1 和 γ_2 分别是在两个模型中储蓄排斥和贷款排斥的系数；ε_1 和 ε_2 是两个模型的随机干扰项。

（三）实证分析

基于本书确定的农户受金融排斥的影响因素和实地调研的数据，运用 SPSS 18.0 计量软件进行 Probit 回归分析，具体回归结果见表 4—5。

表 4—5　　农户受金融排斥影响因素的 Probit 回归结果

变量	贷款排斥			储蓄排斥		
	系数	标准差	Z 统计值	系数	标准差	Z 统计值
x_1	0.007	0.006	1.039	− 0.004	0.007	− 0.525
x_2	0.145 *	0.086	1.678	− 0.044	0.089	− 0.492
x_3	− 0.019	0.070	− 0.271	− 0.049	0.076	− 0.637
x_4	− 0.066 * *	0.032	− 2.080	− 0.154 * * *	0.049	− 3.148
x_5	− 0.006 *	0.003	− 1.905	− 0.003	0.003	− 0.767

变量	贷款排斥			储蓄排斥		
	系数	标准差	Z统计值	系数	标准差	Z统计值
x_6	-0.013	0.066	-0.203	-0.198***	0.072	-2.769
x_7	0.328	0.268	1.223	-0.761**	0.343	-2.218
x_8	-0.191	0.156	-1.225	-0.041	0.160	-0.257
x_9	-0.663***	0.221	-3.003	0.095	0.247	0.386
x_{10}	0.018	0.051	0.347	-0.243***	0.054	-4.521
x_{11}	-0.015	0.069	-0.219	-0.052	0.071	-0.731
x_{12}	-0.020	0.026	-0.746	-0.051*	0.030	-1.706
y_1	—	—	—	-0.021	0.134	-0.156
y_2	-0.008	0.137	-0.056	—	—	—
α	0.320	0.665	0.480	2.047	0.714	2.868
Lg likelihood	-301.578			-260.542		
Pseudo R^2	0.034			0.103		

注：*、**、***分别代表相应系数在10%、5%、1%的显著性水平下显著。

1. 农户受贷款排斥的影响因素分析

从表4—5中农户受贷款排斥的 Probit 模型回归结果可以看出，在本书确定的因素中，对农户受贷款排斥影响显著且稳健的因素有：户主的文化水平、农户家庭的年纯收入、务农收入占总收入的比重、家庭中是否有成员担任村干部或有亲戚朋友在当地金融机构工作。具体表现为，在均值处，户主的受教育年限减少1年、收入提高1万元、务农收入占总收入的比重提高1%、农户家庭中有成员担任村干部或有亲戚朋友在当地金融机构工作，农户在贷款方面受到排斥的可能性下降14.5%、6.6%、0.6%、66.3%。

家庭中是否有成员担任村干部或是否有亲戚朋友在当地金融机构工作通过了1%的显著性水平检验，说明我国在很大程度上还是一个人情社会，担任村干部和有亲戚朋友在当地金融机构工作可以通过人情关系在一定程度上降低从金融机构获取贷款的难度，这也进一步说明我国农村金融市场还不健全，在贷款审批、发放等环节上的制度还不够完善。农户家庭的年纯收入在5%显著性水平下显著，说明农户家庭拥有较高的收入水平是其从金融机构获得贷款的重要前提。

务农收入占总收入的比重在10%的显著性水平下显著，且系数为负，这说明务农收入占总收入的比重对农户是否受到金融排斥具有负向的影响。在调研过程中我们发现，务农收入占总收入的比重较高的农户，由于主要从事农业生产，其在生产经营中所需要的资金较少，也鲜有贷款需求，因此其受到贷款排斥的可能性会相应降低。户主的文化水平变量通过了10%的显著性水平检验，且系数为正，也与我们的预期不一致。通过调研数据可知，户主的文化水平普遍为初中，在472个农户样本中，只有81户农户户主的文化水平为高中、职业技术学院、大专及以上。在农户的文化水平为初中的状况下，金融机构在审批贷款时估计不会把农户的受教育水平作为重要的依据。而户主的文化水平越高，更容易理解金融产品和服务的操作和使用（Guiso et al.，2008），向金融机构提出贷款申请的可能性也会提高，但由于抵押、担保等条件无法满足金融机构的要求，从而引起贷款排斥的可能性会提高。

除以上四个变量通过显著性检验外，本书确定的其他变量均未通过显著性检验，说明这些变量对农户受贷款排斥并没有显著的影响。值得指出的是，储蓄排斥对农户受到贷款排斥的影响也未通过显著性检验，说明农户是否受到储蓄排斥与其是否受到贷款排斥的相关性不大。

2. 农户受储蓄排斥的影响因素分析

从表4—5中农户受储蓄排斥的 Probit 模型回归结果可以

看出，农户是否受到储蓄排斥受农户家庭的年纯收入、劳动力数量、是否拥有电脑、对金融机构是否信任、距最近金融机构的距离等因素的影响显著。具体表现为，在各变量的均值处，农户家庭的年纯收入增加1万元、劳动力数量增加1人、拥有电脑、对金融机构的信任程度增加1单位、距最近金融机构的距离增加1千米，则农户受到储蓄排斥的可能性降低15.4%、19.8%、76.1%、24.3%、5.1%。

农户家庭的年纯收入通过了1%的显著性水平检验，说明农户的家庭年收入越高，其获得金融机构储蓄产品的能力就越强。农户家庭的劳动力数量也在1%的显著性水平下显著，说明农户家庭的劳动力数量越多，其收入水平也就越高，使其比较容易获取储蓄产品。农户对金融机构是否信任也通过了1%的显著性水平检验，说明农户对金融机构是否信任是其是否使用金融机构储蓄产品的重要影响因素，如果农户对金融机构不信任，可能会产生储蓄产品的自我排斥。农户家庭是否拥有电脑变量在5%的显著性水平下显著，说明农户家庭是否拥有电脑对其是否受到金融排斥也具有一定影响，这可能是由于农户如果拥有电脑，其要使用网上银行、电子支付等新兴金融产品，必须首先在金融机构开设储蓄账户，其选择金融机构的储蓄产品的可能性较大，而且通过调查发现，如果农户家庭拥有电脑，说明其收入水平也较高，因此其受到储蓄排斥的可能性也较小。

农户家庭距最近金融机构的距离通过了10%的显著性水平检验，且系数为负，这说明农户家庭与最近金融机构的距离对其是否受到储蓄排斥具有负向的影响。农户距最近金融机构的距离增加而其受储蓄排斥的可能性降低，这与以往的研究结论相悖。现阶段，我国农村地区交通基础设施建设较快，摩托车、电动车、村村通班车等交通工具逐渐成为主流交通工具，这就使得农户到达金融机构的困难程度逐渐降低。而且通过调研我们发现，陕西农村地区每个村里都有农村信用社的代理员，很多农户都是通过代理员办理储蓄业务的，这也进一步降低了储蓄排斥的可能性。

除以上变量通过了显著性检验外，其他变量均未通过显著性检验。农户是否受贷款排斥对农户是否受储蓄排斥的影响也没有通过显著性检验，说明农户是否受到贷款排斥对其是否受到储蓄排斥的影响不大。

3. 农户受贷款排斥与储蓄排斥影响因素对比分析

对比农户受贷款排斥和储蓄排斥的影响因素可以发现，农户是否受贷款排斥和储蓄排斥都受农户家庭纯收入的影响显著，这说明农户是否受到金融排斥与其收入水平密切相关，要破解农村金融排斥必须首先增加农民收入。从农户受贷款排斥的户主的文化水平、务农收入占总收入的比重、家庭中是否有成员担任村干部或有亲戚朋友在当地金融机构工作等影响因素来看，农户是否受到贷款排斥受金融机构的影响较大，所以农户是否受贷款排斥主要受金融机构供给方的影响；而从农户受储蓄排斥的劳动力数量、是否拥有电脑、对金融机构是否信任、距最近金融机构的距离等影响因素来看，农户是否受储蓄排斥受农户的自身影响较大，所以农户是否受储蓄排斥主要受农户自身需求的影响。因此，农户是否受贷款排斥和储蓄排斥的主要影响主体是不同的，要破解农村金融排斥，针对贷款排斥和储蓄排斥需从金融机构供给和农户需求的角度采取不同的措施。

第三节 本章小结

本章对农村地区金融排斥的形成机理进行了研究与探讨，

首先对其进行了理论分析，从需求和供给、传导路径等方面对农村地区金融排斥的形成机理进行了分析，然后对 2006—2010 年我国各省区农村金融排斥程度的影响因素进行了分析，找出农村金融排斥程度省际差异的宏观影响因素，并对陕西省县域农村金融排斥程度的影响因素进行了分析，从较为微观的角度分析农村金融排斥的影响因素，最后根据调研数据对农户受金融排斥的影响因素进行分析，探讨了农户受到金融排斥的影响因素。

从理论上看，农村地区金融排斥的形成是农村金融的需求方和供给方共同作用的结果，农村金融供给方提供某种金融产品和服务，农村金融需求方对该产品和服务拥有实际需求，但由于各种原因并没有向金融机构提出使用申请，从而形成金融排斥；农村金融需求方对某种金融产品和服务拥有实际需求，并向农村金融供给方提出使用申请，但供给方由于各种原因拒绝向需求方提供该产品和服务，也可以形成金融排斥。从农村金融排斥的传导路径来看，农村金融排斥的形成受宏观环境、个人特征、商业和监管环境的影响。

为研究农村金融排斥程度省际差异的影响因素，本章首先通过理论分析确定了影响金融排斥程度的经济因素、社会因素和人文地理因素三大指标体系，并进一步确定了具体评价指标，其中经济因素用第一产业 GDP 增长率、第一产业 GDP 占地区 GDP 的比重、农村居民人均纯收入表示，社会因素用第一产业就业人口占总就业人口的比重、农村地区人均住房总价值、农村每百户家庭电脑拥有量表示，人文地理因素用民族地区虚拟变量、东部地区虚拟变量和西部地区虚拟变量、农村劳动力人口中文盲所占比重表示。在确定了指标体系的基础上，利用 Tobit 模型和 Eviews 6.0 计量软件进行计量分析。研究结果表明，在构建的指标体系中，第一产业 GDP 占地区 GDP 的比重、农村居民人均纯收入、农村劳动力人口中文盲所占比重、民族地区虚拟变量、东部地区虚拟变量和西部地区虚拟变量六个指标通过了显著性检验，而第一产业 GDP 增长率、第一产业就业人口占总就业人口的比重、农村地区人均住房总价值、农村每百户家庭电脑拥有量四个指标没有通过显著性检验，这说明农村金融排斥省际差异的影响因素主要受各地区农业化水平、收入水平、居民的受教育水平、民族构成和地理特征等因素的影响，而各地区的经济发展速度、就业状况、住房状况、信息技术水平等因素对农村金融排斥省际差异的影响不大。

为研究农村金融排斥程度县域差异的影响因素，本章在农村金融排斥程度省际差异的研究基础上，首先确定了评价农村金融排斥程度县域差异的指标体系：GDP 增长率、第一产业 GDP 增长率、第一产业 GDP 占地区 GDP 的比重、农村居民人均纯收入、城镇居民人均可支配收入、地理特征等。利用 Tobit 模型和 Eviews 6.0 计量软件，对其进行了计量分析。从计量结果可以看出，GDP 增长率、第一产业 GDP 增长率、第一产业 GDP 占地区 GDP 的比重、城镇居民人均可支配收入四个因素对农村金融排斥程度县域差异的影响通过了显著性检验，说明这四个因素对农村金融排斥程度县域差异具有显著的影响；而农村居民人均纯收入和地理特征虚拟变量没有通过显著性检验，说明二者对农村金融排斥程度县域的影响并不显著。

对比农村金融排斥程度省际差异和县域差异的影响因素来看，二者有很大的不同，农村金融排斥省际差异主要受各地区农业化水平、收入水平、居民的受教育水平、民族构成和地理特征等因素的影响，而农村金融排斥县域差异主要受 GDP 增长率、第一产业 GDP 增长率、第一产业 GDP 占地区 GDP 的比重、城镇居民人均可支配收入等因素的影响。因此，在采取措施破解农村金融排斥时，需要从省际和县域采取不同的措施。

为进一步从微观角度研究农村金融排斥程度的影响因素，本章利用农户实地调研数据对农户是否受金融排斥的影响因素进行了分析。首先在已有的文献的基础上，确定了农户的年龄、文化水平、工作类型、收入、务农收入占总收入的比重、劳动力数量、是否有电脑、是否有电话、是否担任村干部或是否有亲戚朋友在当地金融机构工作、对金融机构是否信任、社会互助度、距离最近金融机构的距离 12 个因素作为农户是否受金融排斥的影响因素的指标体系，利用 Probit 回归模型和 SPSS 18.0 计量软件进行了计量分析。实证结果显示，在本书确定的因素中，对农户受贷款排斥影响显著且稳健的因素有：户主的文化水平、农户家庭的年纯收入、务农收入占总收入的比重、家庭中是否有成员担任村干部或有亲戚朋友在当地金融机构工作。具体表现为，在均值处，户主的受教育年限减少 1 年、收入提高 1 万元、务农收入占总收入的比重提高 1%、农户家庭中有成员担任村干部或有亲戚朋友在当地金融机构工作，农户在贷款方面受到排斥的可能性下降 14.5%、6.6%、0.6%、66.3%。农户是否受到储蓄排斥受农户家庭的年纯收入、劳动力数量、是否拥有电脑、对金融机构是否信任、距最近金融机构的距离等因素的影响显著。具体表现为，在各变量的均值处，农户家庭的年纯收入增加 1 万元、劳动力数量增加 1 人、拥有电脑、对金融机构的信任程度增加 1 单位、距最近金融机构的距离增加 1 千米，则农户受到储蓄排斥的可能性降低 15.4%、19.8%、76.1%、24.3%、5.1%。

第五章　农村地区金融排斥的影响
　　　　效应

　　本书第三章和第四章分别对农村地区金融排斥的程度和形成机理进行了分析，研究发现农村地区金融排斥程度较为严重，并有加重的趋势，且农村地区金融排斥受地区经济发展水平、收入水平、居民受教育水平等多种因素的影响。在农村地区金融排斥程度较高的大背景下，金融排斥的存在到底对我国的经济、社会产生了怎样的影响，即农村地区金融排斥对我国的经济、社会有怎样的影响效应，本章试图探讨这个问题。了解农村地区金融排斥的影响效应，对于我们了解破解农村地区金融排斥的重要性，并试图找到破解农村地区金融排斥的路径具有重要的现实意义。

　　农村金融排斥的影响效应是多方面的，本章首先对农村金融排斥影响效应进行理论分析，然后选择农村经济增长、农民收入提高、粮食安全等关系国家发展、稳定和安全的重要方面，研究农村地区金融排斥对它们的影响效应，并就金融排斥对农户福利的影响进行分析，最后就金融排斥对农村金融机构的影响效应进行分析，探讨金融排斥的存在对农村金融机构发展的影响。

第一节　农村地区金融排斥影响效应的理论分析

关于农村地区金融排斥的影响效应，专家学者们已经做了较为深入的研究。英国金融服务监管局（2000）的研究指出，金融排斥的存在会对区域经济社会产生严重的影响。在金融排斥严重的地区，由于金融排斥的存在会给该地区带来经济发展滞后、贫困、收入分配不均等许多经济社会问题，严重影响地区的发展和稳定（莱申、思里夫特，1995）。加德纳等（2004）也认为，由于金融排斥的存在，并随着金融排斥程度的不断加深，由金融排斥所带来的经济社会问题会越来越严重。英国金融服务监管局（2000）的研究还指出，金融排斥与收入关系密切，金融排斥的存在对居民的收入具有重要影响，由于缺乏必要的金融产品，居民不能得到生活中所需要的金融产品，这会严重影响其收入水平和生活水平的提高。

王修华等（2009）的研究认为，农村金融排斥的存在会导致我国城乡二元化程度的加深，并会进一步制约农村地区经济的发展；农村金融排斥还会使资金大量逃离农村地区，影响农村经济的繁荣，制约社会主义新农村的建设与发展；农村金融排斥的存在对一个地区的社会排斥程度具有很大影响，农村金融排斥的加剧或缓解直接影响了这个地区社会排斥的程度。魏晃（2008）的研究认为金融排斥会带来很多社会问题，具体来看，金融排斥具有贫困放大效应、区域金融荒漠化效应、增大反洗钱难度效应和加剧社会不安定效应。在研究过程中，他认为金融排斥具有财富杠杆负效应，是贫困放大器，会造成"穷者更穷，富者更富"的马太效应；金融排斥会抑制受到金融排斥地区的商业发展，导致该地区商店数量减少，甚至倒闭，使得这个地区的经济陷入衰退周期，而且还会导致农村地区的资金大量向城市地区聚集，使城市和农村的差距逐渐拉大；受到金融排斥的人群会逐步变成弱势群体，随着金融排斥程度的加深，这些群体会对社会产生不满思想，会对社会的安定产生极大的影响；金融排斥较为严重的地区，由于缺乏现代金融体系的支持，使得非正规金融较为发达，非正规金融长期脱离国家的控制和监管，对反洗钱造成了很大的不利影响。

徐少君（2008）对金融排斥后果的研究指出，金融排斥在长期、短期内都会对一个地区的人均收入水平产生显著的负面影响，表现在金融排斥的加深会使得短期内区域居民的收入水平显著降低，并通过各种方式对其长期收入的增长产生不利影响；金融排斥的存在还会对地区经济的发展产生显著的阻碍作用；金融排斥的存在还会对金融制度产生影响，具体表现为金融排斥会对正规金融制度产生一定的冲击，会诱导非正规金融的发展，并进一步加剧正规金融与非正规金融的竞争。田杰（2011）的研究指出，农村金融排斥会对农村生产率产生负向的影响；农村金融排斥的上升会抑制城乡收入差距的扩大，但我国东西部地区金融排斥会在一定程度上扩大城乡收入差距；农村金融排斥对农户收入具有显著的抑制效应。

通过以上分析可以看出，农村地区金融排斥对农村经济增长、农民收入提高、农村金融体系发展都会产生一定的影响。本书在此基础上，对农村地区金融排斥对农村经济增长、农民收入增长、粮食生产、农户福利水平和农村金融机构的影响效应进行实证分析，进一步探讨与分析农村金融排斥的影响效应。

第二节　农村地区金融排斥对农村经济增长的影响效应

一　金融排斥影响农村经济增长的理论解释

金融是现代经济的核心，经济发展离不开金融的支持。长时间以来，我国实行优先发展工业和城市的发展战略，大量的农村经济资本和经济剩余被政府强制性地抽取到城市和工业领域，这在很大程度上限制了农村发展（冉光和等，2008；谢琼等，2009）。进入新世纪以来，随着经济发展战略的调整，"三农"问题逐步得到政府的重视，政府制定了一系列强农、惠农的措施支持农村经济增长。在现代市场经济条件下，农村经济发展需要农业信贷等农村金融的有力支持（钱水土、许嘉扬，2011）。

长期以来，国内外很多学者已经对金融发展与经济发展的关系进行了研究与探索。帕特里克（1966）最早提出了金融发展与经济增长关系的分析方法，并提出了供给引导型和需求追随型两种与不同经济发展阶段相适应的金融发展模式。戈德史密斯（1969）、斯蒂格利茨（Stiglitz，1985）、贝克和莱文（2002）的研究表明金融发展与经济增长具有正相关关系。安翔（2005）基于 Pagano 模型对我国农村金融发展与农村经济增长的相关性进行了分析，认为农村金融的发展对农村经济增长具有显著的促进作用，但利率指标却与农村经济增长具有显著的负相关关系。

禹跃军和王菁华（2011）利用 VAR 模型研究了我国农村经济增长和农村金融发展的关系，认为农村金融的发展有助于促进农村经济增长，但农村金融发展滞后于农村经济增长。姚耀军（2004）对我国农村金融发展与农村经济增长的关系基于 VAR 模型、协整分析和格兰杰因果检验进行了实证分析，得出了农村经济增长和农村金融发展存在着长期的均衡关系，且农村金融发展状况对农村经济增长具有一定影响，而农村经济增长却对农村金融发展状况无影响的结论。张建波和杨国颂（2010）基于 VAR 模型对改革开放以来我国农村经济增长与农村金融发展的关系进行了实证研究，得到了农村金融发展在很大程度上促进了农村经济增长,而农村经济增长却没有对农村金融发展起到相应作用的结论。

江美芳和朱冬梅(2011)利用1990—2009年的数据,分析了江苏省农村金融发展对农村经济增长的影响,并得出了农村经济增长与农村金融发展存在很高的依存度与关联度的结论;赵洪丹(2011)利用1978—2009年的时间序列数据,分析了我国农村金融发展与农村经济增长的关系,结果显示,我国农村金融发展与农村经济增长之间具有长期的均衡关系;姚耀军和和丕禅(2004)在对我国农村金融发展与经济增长的实证分析中发现,我国农村正规金融的发展对农村经济增长并没有起到"供给主导"的作用,而是处于一个严重滞后的"需求遵从"的地位,而且农村正规金融相对于农村经济增长是缺乏效率的,并得出要促进农村经济增长必须进一步发挥农村非正规金融的作用的结论。李春霄和贾金荣(2012)基于1985—2009年的时间序列数据,构建了农村金融规模、农村金融结构和农村金融效率三个指标衡量农村金融发展水平,运用协整检验和误差修正模型,对我国农村金融发展与农村经济增长的关系做了实证研究。研究结果显示,农村金融发展与农村经济增长在长期具有协整关系。

通过以上分析可以发现,国内外的专家学者们在研究农村经济增长和农村金融的关系中都发现,农村金融发展对农村经济增长具有重要的作用。因此,在我国农村地区金融排斥程度较为严重的大背景下,农村金融排斥的存在势必会使一部分农村居民在获取和使用农村金融产品和服务时遇到阻碍,这可能对农村经济发展产生一些负面的影响,甚至会阻碍农村经济的发展。

二 模型构建、指标选择与研究方法

(一)模型构建

经济增长最直接的体现是国内生产总值的增长，所以国内生产总值的增长可以作为衡量经济发展的主要指标，已经成为国际共识，并在相关研究文献中得到普遍应用。在研究国内生产总值的增长中，柯布—道格拉斯生产函数得到了广泛的应用。随着研究的推进，柯布—道格拉斯生产函数确立了其一般形式：$Y = A(t) L^{\alpha} K^{\beta} \mu$，其中 Y 表示生产总值，$A(t)$ 表示综合技术水平，L 表示投入的劳动量，K 表示投入的资本量，α 是劳动力产出的弹性系数，β 是资本产出的弹性系数，μ 是随机干扰因素。由柯布—道格拉斯生产函数的一般形式可以看出，在一定的综合技术水平和忽略干扰因素的情况下，生产总值是投入劳动力和资本的函数，即 $Y = f(LK)$。

随着世界金融的发展，金融作为现代经济的核心地位日益凸显，金融逐渐成为影响经济发展的重要因素。菲德尔（Feder，1982）等学者都将金融发展水平作为重要变量引入经济生产模型之中。帕加诺（Pagano，1993）在假设其他因素一定的情况下，构建了一系列指标衡量金融发展水平，分析了金融发展水平对经济增长的影响，创立了著名的 Pagano 模型，该模型得到了广泛的应用与验证。因此，本书在借鉴这些文献的基础上，也将金融发展作为衡量经济发展的重要指标引入计量模型中，构建以下函数衡量经济发展：$Y = f(LKF)$，模型中，Y 表示生产总值，L 表示劳动力投入量，K 代表资本投入量，F 代表金融发展水平。金融排斥程度是金融发展程度的重要表现，因此本书用金融排斥程度表示金融发展水平，将金融排斥程度作为变量引入经济发展模型中。

对方程 $Y = f(LKF)$ 进行全微分可得：

$$dY = \frac{\partial f}{\partial L} dL + \frac{\partial f}{\partial K} dK + \frac{\partial f}{\partial F} dF \qquad (5\text{—}1)$$

用 β_1 代表劳动投入量的边际产出，β_2 代表资本投入量的边际产出，β_3代表金融发展的边际产出，可将上式简化为：

$$dY = \beta_1 dL + \beta_2 dK + \beta_3 dF \tag{5—2}$$

在忽略其他因素对经济增长影响的情况下，可以利用以上模型构建劳动投入量、资本投入量和金融发展水平对经济增长影响的计量经济模型：

$$dY = \beta_0 + \beta_1 dL + \beta_2 dK + \beta_3 dF + \mu \tag{5—3}$$

其中，β_0代表常数项，μ代表随机误差项。

（二）指标选择

为研究农村金融排斥程度对农村经济增长的影响效应，根据已经确定的模型，本书确定了农村经济增长、农村劳动力投入量、农村资本投入量和农村金融排斥程度的衡量指标。其中：农村经济增长用第一产业国内生产总值表示，记为 GDP；农村劳动力投入量用第一产业的就业人口表示，记为 Labour；农村资本投入量指标用农村固定资产投资量表示，记为 FAI；农村金融排斥程度用本书已经测算的我国各省区农村金融排斥程度表示，为使农村金融排斥程度能正确表示农村金融的发展程度，本书用 1 减去金融排斥程度的测度值将其进行变换，并将变换后的值代入到模型中，记为 IFE。在研究过程中，根据柯布—道格拉斯函数的基本形式，本书将数据进行对数处理，这样既符合数学运算的一般原则，也能消除量纲对拟合的影响。

（三）研究方法

为研究农村金融排斥对农村经济增长的影响效应，本书首先运用皮尔逊相关系数分析省际和县域农村金融排斥程度与相应区域农村经济增长的相关性，然后在确定的模型与指标体系的基础上，利用面板数据模型分析农村金融排斥的省际差异对农村经济增长的影响。

在研究过程中，对面板数据进行估计时应首先对数据进行单位根检验，以检验数据是否是平稳的。确定了面板数据的平稳性之后，应识别并确定模型的形式。面板数据模型的形式一般分为三种：混合模型、固定效应模型和随机效应模型。在确定模型的过程中，应首先使用豪斯曼（Hausman）检验①确定是否应建立随机效应模型，如果通过检验，则应建立随机效应模型，如果未通过检验，则应通过 F 检验②确定应建立混合模型还是固定效应模型。

研究农村金融排斥对农村经济增长的影响效应的数据来源于相关年份的《中国统计年鉴》《中国农村统计年鉴》《陕西省统计年鉴》，银监会网站发布的《中国银行业农村金融服务分布图集》等发布的 2006—2010 年我国各省区的相关数据，以及陕西省 2010 年县域的相关数据。

三　实证分析

（一）农村金融排斥程度与农村经济增长的相关性分析

为研究农村金融排斥程度与农村经济增长的相关性，本书采用皮尔逊相关系数法，利用 SPSS 18.0 计量软件，首先测度各省农村金融排斥程度与第一产业国内生产总值和第一产业国

---

①　豪斯曼（Hausman）检验用来确定面板数据模型是否应建立随机效应模型。在检验过程中，首先假设应建立随机效应模型，一般情况下，如果豪斯曼检验的伴随概率小于 0.05 时，应拒绝原假设，不应建立随机效应模型，否则应建立随机效应模型。

②　F 检验用来确定模型应设立混合模型还是固定效应模型。在检验过程中，首先做两个假设：假设一是模型中的解释变量的系数和截距项对所有的截面成员都是相同的，应建立混合模型；假设二是模型中的解释变量的系数对所有的截面成员都是相同的，但截距项不同，应建立固定效应回归模型。然后构建统计量：$F = \dfrac{(SSE_r - SSE_u) / [(NT-K-1) - (NT-N-K)]}{SSE_u / (NT-N-K)}$，在统计量中，$SSE_r$ 和 SSE_u 分别混合估计模型和固定效应模型的残差平方和，N 是截面成员个数，T 为样本观测期数，K 是除常数项外的解释变量的个数。如果 F 的统计值大于 $F_{0.05}[(N-1), (NT-N-K)]$，则应拒绝假设一，接受假设二建立固定效应模型，否则应建立混合模型。

内生产总值增长率的相关系数，测度结果见表5—1。从表5—1中可以看出，各省农村金融排斥程度与第一产业国内生产总值及其增长率的相关系数分别为 0.136 和 0.165，双侧显著性分别为 0.091 和 0.040，其中农村金融排斥程度与第一产业国内生产总值的相关系数通过了 10% 的显著性水平检验，而第一产业国内生产总值增长率的相关系数在 5% 的显著性水平下显著。值得指出的是，两个相关系数都为正数，说明各省农村金融排斥程度与二者都是正相关。

表 5—1   各省农村金融排斥程度与农村经济增长的相关系数

指标	农村金融排斥程度	
	相关系数	显著性（双侧）
第一产业国内生产总值	0.136	0.091 *
第一产业国内生产总值增长率	0.165	0.040 **

注：*、**分别表示在 10%、5% 的显著性水平下显著。

为进一步分析农村金融排斥程度与农村经济增长的相关性，本书基于已经确定的陕西省 82 个县域的相关数据，做皮尔逊相关系数分析，测度结果见表5—2。从测度结果来看，县域农村金融排斥程度与其第一产业国内生产总值和第一产业国内生产总值增长率的相关系数分别为 0.288 和 0.143，显著性分别为 0.009 和 0.201。由此可以看出，农村金融排斥与第一产业国内生产总值的相关系数通过了 1% 的显著性水平检验，而农村金融排斥与第一产业国内生产总值增长率的相关系数没有通过显著性检验，而且县域农村金融排斥程度与第一产业国内生产总值和第一产业国内生产总值增长率也为正相关。

表5—2　陕西省县域农村金融排斥程度与农村经济增长的相关系数

指标	农村金融排斥程度	
	相关系数	显著性（双侧）
第一产业国内生产总值	0.288	0.009***
第一产业国内生产总值增长率	0.143	0.201

注：＊＊＊表示在1%的显著性水平下显著。

综合省际和县域农村金融排斥程度与农村经济增长的相关系数可以得出，农村金融排斥程度与第一产业国内生产总值及其增长率都具有正相关关系，县域农村金融排斥程度与第一产业国内生产总值也呈正相关关系，因此农村金融排斥程度与农村经济增长具有正相关关系。

（二）农村金融排斥程度对农村经济增长的影响效应分析

为研究各省农村金融排斥程度对农村经济增长的影响效应，本书基于相关理论分析和研究方法，采用2006—2010年各省的相关面板数据，对其进行面板回归模型分析。在研究过程中，为避免"伪回归"现象的出现，应首先对数据进行单位根检验，检验时间序列数据是否为平稳序列。本书采用LLC检验进行单位根检验，利用Eviews 6.0计量软件可以测得各序列的检验结果，见表5—3。从检验结果可以看出，各变量LLC统计量的伴随概率都小于0.01，这说明模型所使用的数据不存在单位根，都为0阶单整序列，是平稳序列。

表5—3　　　　　　　　　变量平稳性检验结果

变量	LLC统计量	概率	平稳性
GDP	− 5.90998	0.0000	平稳
Labour	− 5.76612	0.0000	平稳

变量	LLC 统计量	概率	平稳性
FAI	− 2. 72034	0. 0033	平稳
IFE	− 3. 06205	0. 0011	平稳

在所有变量是平稳性序列的基础上，建立随机效应模型，并对模型进行豪斯曼检验，检验发现，豪斯曼检验的统计值为23.284487，伴随概率为0.0000，小于0.05，所以不应建立随机效应模型。对模型进一步做 F 检验以确定模型的形式，通过计算得 F = 275.33282，可以看出 F 统计量大于 $F_{0.05}$（30，120）的临界值1.554343，所以可以确定模型应建立固定效应模型。通过进一步检验可以发现，农村金融排斥程度对农村经济增长的影响应建立时点固定效应模型，具体计量结果见表5—4。

表5—4　农村金融排斥程度对农村经济增长的影响效应回归结果

变量	系数	标准差	t 统计量	显著性水平
C	1. 849585	0. 232710	7. 948023	0. 0000
FAI	0. 274871***	0. 061588	4. 463089	0. 0000
Labour	0. 600399***	0. 067679	8. 871327	0. 0000
IFE	0. 445077***	0. 150602	2. 955320	0. 0037
R^2	0. 869544	调整后 R^2		0. 863113
F 统计值	135. 2122	Prob.		0. 0000

注：＊＊＊表示在1%的显著性水平下显著。

从回归结果可以得出，本书确定的变量的回归系数都通过了显著性检验，且调整后的 R^2 为0.863113，说明模型的拟合优度较高，模型的 F 统计值为135.2122，伴随概率为0.0000，说明本书建立的模型是有效的。

农村固定资产投资量对农村经济增长的影响通过了 1% 的显著性水平检验，回归系数为 0.274871，说明农村固定资产投资对农村经济增长有正向的影响，农村固定资产投资增加 1 个单位，会拉动农村经济增长 0.274871 个单位。农村劳动力投入量对农村经济增长的影响也在 1% 显著性水平下显著，回归系数为 0.600399，说明农村劳动力投入量对农村经济增长也有正向的影响，且农村劳动力投入增加 1 个单位，会带动农村经济增长 0.600399 个单位。变换后的金融排斥测度量对农村经济增长的影响也通过了 1% 的显著性水平检验，系数为 0.445077，说明变换后的金融排斥测度量对农村经济增长也有正向的影响，且变换后的农村金融排斥测度量增加 1 个单位，会带动农村经济增长 0.445077 个单位。

为了用农村金融排斥程度表示农村金融发展的程度，本书是将 1 减去金融排斥的测度值对农村金融排斥的测度值进行变换后代入模型的，由于变换后的金融排斥程度对农村经济增长具有正向的影响，可以得出变换前的农村金融排斥程度对农村经济增长会有负向的影响，即农村金融排斥程度越低则农村经济增长越快，而农村金融排斥程度越高则农村经济增长越慢。

通过以上农村金融排斥程度与农村经济发展的相关性分析可以看出，农村金融排斥程度与农村经济发展呈正相关关系，而通过面板数据模型对农村金融排斥程度对农村经济发展的影响的研究可以得出，农村金融排斥对农村经济增长具有负向的影响。两种分析得出的结论似乎有一定矛盾，其实不然。相关系数可以度量两个变量之间的线性关联关系，但二者却不一定具有因果关系，而面板数据模型是表示数据之间的因果关系，即相关性分析分析的是农村金融排斥程度与农村经济增长表面上的线性关联关系，而面板数据模型分析的是农村金融排斥程度对农村经济增长的影响。之所以会出现农村金融排斥程度与农村经济增长具有正相关性却具有负向影响的情况，可能是因为我国东部地区经济发展较为发达，第一产业 GDP 在国民经济中所占的比重相对较低，同时第一产业 GDP 的增长率也较低，而且通过第三章的测算可知其农村金融排斥程度也较低，但西部地区经济较为落后，第一产业 GDP 在国民经济中所占的比重相对较高，同时第一产业 GDP 的增长率较高，农村金融排斥程度也较高，因此农村金融排斥程度与农村经济增长呈现一定的正相关性。但从深层次来看，农村金融排斥的存在使得农村经济增长过程中的金融需求得不到满足，因此阻碍了农村经济的增长。因此，要促进农村经济增长，必须破解农村金融排斥难题。

第三节　农村地区金融排斥对区域农民收入增长的影响效应

一　金融排斥影响区域农民收入增长的理论解释

改革开放以来，特别是进入新世纪以来，我国政府采取了一系列措施促进农民增收，农村居民家庭收入得到了极大的提高，农民人均纯收入从 1978 年的 133.6 元增长到 2010 年的 5919.01 元，年均增长约13%。虽然农民的人均纯收入在总体上有了大幅度的提高，但近年来农村经济增长放缓，城乡居民收入差距拉大已成为制约我国农村经济社会发展的重要因素。因此，进一步研究农村居民家庭收入增长的影响因素，突破制约农村居民家庭收入增长的瓶颈，对进一步促进农村经济社会发展、建设社会主义新农村具有重要的现实意义。

金融是现代经济的核心，农村金融是农村经济发展和农民收入增加的重要支柱。农村金融的发展对农民收入增加具有重要的作用，已经得到专家学者们证实。温涛等（2005）对我国金融发展与农村收入增长进行了制度和结构分析，并运用1952—2003 年的数据，对金融发展与农民收入增长的关系进行了实证研究。研究结果显示，我国农村经济增长对农民收入增长具有显著的负效应。余新平等（2010）运用改革开放 30 年的数据，实证分析了我国农村金融发展与农民收入增长之间的关系，研究结果显示，农村存款、农业保险赔付与农民收入增长具有正向关系，农村贷款、农业保险收入与农民收入增长具有负向关系，且农业贷款在促进农民收入增长方面具有一定的滞后性，乡镇企业贷款对农民收入增长具有一定的抑制作用。钱水土和许嘉扬（2011）运用面板协整和误差修正模型对我国农业信贷与农民收入的关系进行了实证研究，研究结果显示，农业信贷与农民家庭经营纯收入、农业信贷与农民工资性收入之间存在面板协整关系，但短期内农业信贷却对农民家庭经营收入和工资性收入的增长具有抑制效应。贾立和王红明（2010）利用相关数据对西部地区农村金融发展与农民收入增长的关系进行了实证分析，研究结果显示，西部地区农村金融发展规模结构以及农村投资水平与农民收入之间呈正相关关系，而农村金融发展效率对农民收入增长具有显著的负效应，并通过脉冲分析和方差分解发现农村金融发展对农民收入增长具有重要意义。

通过以上对已有文献的分析可以发现，农村金融发展对农民收入增长具有重要的促进作用，但在我国农村金融排斥程度较高的大背景下，农村金融排斥的存在使得农民在使用金融产品和服务的过程中遇到困难，而这些产品和服务对其收入增长具有重要的作用，因此农村金融排斥可能对农村金融发挥促进农民收入增长的作用具有一定的抑制作用，甚至阻碍农民收入的增长。

二 指标选择和研究方法

关于农村金融排斥程度的评价,本书采用第三章确定的金融排斥的四个维度对其进行评价,分别为金融服务的深度、金融服务的可得度、金融服务的使用度和金融服务的可负担度。在研究过程中,四个维度的具体评价也采用第三章确定的评价指标进行,其中:金融服务的深度维度用农村地区平均每人的储蓄存款余额和农村地区平均每人的贷款余额表示,分别记为deposit和loan;金融服务的可得度维度用农村地区每万人拥有的银行网点数和农村地区每万人拥有的银行服务人员数表示,分别记为branch和staff;金融服务的使用度维度用农村地区获得贷款的企业占比和农村地区获得银行业金融机构贷款的农户占比表示,分别记为enterprise和peasant;金融服务的可负担度维度用农村地区人均贷款水平占人均收入水平的比重表示,记为burden。农村地区金融排斥程度记为IFE,用第三章中测度的具体值表示。为较为准确地衡量农村金融排斥对农民收入增长的影响,本书中的农民收入用农村居民人均纯收入表示,记为INCOME。在面板模型回归过程中,为消除量纲对模型拟合的影响,本书对数据进行了对数处理。

为研究农村金融排斥对农民收入增长的影响效应,本书首先运用皮尔逊相关系数分析省际和县域农村金融排斥程度与相应区域农村经济增长的相关性,然后利用面板数据模型分析农村金融排斥的省际差异对农村经济增长的影响,在得出相应结论的基础上,针对县域数据利用OLS回归模型对其进行进一步的分析与探讨。

根据设定的变量,本书将模型的一般模式设定为以下形式:

$$INCOME_{it} = \alpha_i + \beta_{1i} deposit_{it} + \beta_{2i} loan_{it} + \beta_{3i} branch_{it} + \beta_{4i} staff_{it}$$
$$+ \beta_{5i} enterprise_{it} + \beta_{6i} peasant_{it} + \beta_{7i} burden_{it} + \mu_{it} \qquad (5\text{—}4)$$
$$i = 1, 2, \cdots, N; \qquad t = 1, 2, \cdots, T$$

模型中，α 是截距项，β 是各指标的系数，μ 是随机干扰项。

研究农村金融排斥对农民收入增长的影响效应的数据来源于相关年份的《中国统计年鉴》《中国农村统计年鉴》《陕西省统计年鉴》及银监会网站发布的《中国银行业农村金融服务分布图集》等发布的 2006—2010 年我国各省区的相关数据以及陕西省 2010 年相关县域的数据。

三　实证分析

（一）农村金融排斥程度与农民收入增长的相关性分析

为研究农村金融排斥程度与农民收入增长的相关性，本书采用皮尔逊相关系数法，利用 SPSS 18.0 计量软件，首先测度各省农村金融排斥程度与农村居民人均纯收入的相关系数，测度结果见表 5—5。从表 5—5 中可以看出，各省农村金融排斥程度与农村居民人均纯收入的皮尔逊相关系数为 − 0.140，双侧显著性为 0.083，通过了 10% 的显著性水平检验。皮尔逊相关系数说明农村金融排斥程度与农村居民人均纯收入有较为显著的负相关关系。

表 5—5　各省农村金融排斥程度与农民收入增长的相关系数

指标	农村金融排斥程度	
	相关系数	显著性（双侧）
农村居民人均纯收入	− 0.140	0.083 *

注：＊表示在 10% 的显著性水平下显著。

　　基于陕西省 82 个县域的相关数据，本书对农村金融排斥程度与农民收入增长的皮尔逊相关系数进行了测度，以进一步验证农村金融排斥程度与农民收入增长的相关关系，测度结果见表 5—6。从表 5—6 中可以看出，农村金融排斥程度与农民收入增长的相关系数为 −0.042，双侧显著性为 0.710，没有通过显著性检验，这说明农村金融排斥程度与农民收入增长并没有显著的相关关系，但其相关系数为负也在一定程度上说明农村金融排斥程度与农民收入增长也有一定的负相关关系。

表 5—6　　县域农村金融排斥程度与农民收入增长的相关系数

指标	农村金融排斥程度	
	相关系数	显著性（双侧）
农村居民人均纯收入	−0.042	0.710

　　（二）农村金融排斥程度对农村经济增长的影响效应分析

　　在进行面板数据模型回归分析前，本书首先采用 LLC 检验，对数据的平稳性进行了检验，检验结果见表 5—7。从表 5—7 中可以看出，本书在回归模型中所使用的数据都不存在单位根，都为 0 阶单整序列，通过了平稳性检验。时间序列的平稳性可以有效保证在面板回归模型中不会出现"伪回归"现象。

表 5—7　　　　　　　　变量平稳性检验结果

变量	LLC 统计量	概率	平稳性
deposit	−5.80646	0.0000	平稳
loan	−6.23648	0.0000	平稳
branch	−2.48277	0.0065	平稳
staff	−3.02894	0.0012	平稳
enterprise	−8.30043	0.0000	平稳

续表

变量	LLC 统计量	概率	平稳性
peasant	– 39. 5893	0. 0000	平稳
burden	– 2. 62464	0. 0043	平稳
income	– 5. 77606	0. 0000	平稳

在 LLC 检验序列是平稳性序列的基础上，建立随机效应模型，并进行豪斯曼检验，检验发现豪斯曼检验的统计值为 15.77690，伴随概率为 0.02720，小于 0.05 临界值，因此不应建立随机效应模型。然后，计算 F 统计量进一步检验模型的形式，经计算所得 F = 1.036790，小于 $F_{0.05}$（30，117）的临界值 1.556774，因此可以确定模型应建立混合效应模型。在研究过程中，发现受多重共线性影响，模型拟合优度很高，F 统计值很大，但系数却不显著。为消除多重共线性的影响，本书采用逐步回归法检验，发现引起多重共线性的变量是 loan，因此将其删除，得到具体检验结果，见表5—8。

表5—8　省际农村金融排斥程度对农民收入增长的影响效应回归结果

变量	系数	标准差	t 统计量	显著性水平
C	8. 584998	0. 194122	44. 22467	0. 0000
deposit	0. 732209 ***	0. 044029	16. 63020	0. 0000
branch	0. 180839 **	0. 082229	– 2. 199212	0. 0294
staff	– 0. 062817	0. 074560	0. 842506	0. 4009
enterprise	– 0. 025223	0. 019263	– 1. 309374	0. 1924
peasant	0. 004103	0. 033771	0. 121502	0. 9035
burden	– 0. 394751 ***	0. 043633	– 9. 046983	0. 0000
R^2	0. 785846	调整后 R^2		0. 777164
F 统计值	90. 51543	Prob.		0. 0000

注：＊＊＊、＊＊分别表示在 1%、5% 的显著性水平下显著。

从回归结果可以看出，模型的拟合优度 R^2 为 0.785846，调整后的 R^2 为 0.777164，拟合优度较好，模型的 F 统计值为 90.51543，伴随概率为 0.0000，说明本书建立的模型是有效的。模型中，农村地区平均每人的储蓄存款余额对农民收入增长的影响通过了 1% 的显著性水平检验，回归系数为 0.732209，说明农村地区平均每人的储蓄存款余额对农民收入增长具有正向的影响，农村地区平均每人的储蓄存款余额增加 1 个单位，会拉动农民收入增长 0.732209 个单位；农村地区每万人拥有的银行网点数对农民收入增长的影响在 5% 的显著性水平下显著，系数为 0.180839，说明农村地区每万人拥有的银行网点数对农民收入增长具有正向影响，农村地区每万人拥有的银行网点数增加 1 个单位，会拉动农民收入增长 0.180839 个单位；农村地区人均贷款水平占人均收入水平的比重对农民收入增长的影响通过了 1% 的显著性水平检验，系数为 −0.394751，说明农村地区人均贷款水平占人均收入水平的比重对农民收入增长具有负向的影响，农村地区人均贷款水平占人均收入水平的比重下降 1 个单位，会拉动农民收入增长 0.394751 个单位。本书确定的其他变量的系数没有通过显著性检验，说明这些变量对农民收入增长的影响不显著。

通过研究可以发现，农村金融排斥对农民收入增长的影响中，金融服务的深度维度、可得度维度和可负担度维度中的指标通过了显著性检验，而金融服务的使用度维度指标并没有通过显著性检验。其实，金融服务的使用度应该在农民收入增长中发挥最重要的作用，因为农户只有使用了金融服务，才能促进其收入的进一步增长，而我国目前对农民收入增长具有促进作用的却是深度维度、可得度维度和可负担度维度等，这也进一步说明我国农村金融发展尚不健全，我国农村金融尚处于农户的金融需求不能有效满足的阶段，农村金融在提高农民收入中的作用并没有很好地发挥。

为进一步验证农村金融排斥对农民收入增长的影响，本书在省际数据回归模型的基础上，用 2010 年陕西省县域的数据对其做进一步的验证。结合已经得到的面板数据回归模型，在验证过程中利用县域数据做 OLS 回归模型，回归结果见表 5—9。

表 5—9　县域农村金融排斥程度对农民收入增长的影响效应回归结果

变量	系数	标准差	t 统计量	显著性水平
C	9.006192	0.425724	21.15502	0.0000
deposit	0.429141***	0.074202	5.783403	0.0000
branch	−0.001267	0.149449	−0.008478	0.9933
staff	−0.219770	0.183685	−1.196446	0.2353
enterprise	−0.008640	0.013461	−0.641850	0.5229
peasant	−0.056838*	0.029515	−1.925717	0.0579
burden	−0.133257***	0.048589	−2.742500	0.0076
R^2	0.612394	调整后 R^2		0.565386
F 统计值	68.77277	Prob.		0.0000

注：*** 、* 分别表示在 1%、10% 的显著性水平下显著。

从表 5—9 中可以看出，模型的拟合优度 R^2 为 0.612394，调整后的 R^2 为 0.565386，F 统计值为 68.77277，伴随概率为 0.0000，说明建立的模型是较为有效的。模型中，农村地区平均每人的储蓄存款余额对农民收入增长的影响通过了 1% 的显著性水平检验，回归系数为 0.429141，说明农村地区平均每人的储蓄存款余额对农民收入增长具有正向的影响，农村地区平均每人的储蓄存款余额增加 1 个单位，会拉动农民收入增长 0.429141 个单位；农村地区获得银行业金融机构贷款的农户占比对农民收入增长的影响在 10% 的显著性水平下显著，系数

为 −0.056838，说明农村地区获得银行业金融机构贷款的农户占比对农民收入增长具有负向的影响，农村地区获得银行业金融机构贷款的农户占比减少 1 个单位，会拉动农民收入增长0.056838 个单位；农村地区人均贷款水平占人均收入水平的比重对农民收入增长的影响通过了 1% 的显著性水平检验，系数为 −0.133257，说明农村地区人均贷款水平占人均收入水平的比重对农民收入增长具有负向的影响，农村地区人均贷款水平占人均收入水平的比重下降 1 个单位，会拉动农民收入增长0.133257 个单位。本书确定的其他变量的系数没有通过显著性检验，说明这些变量对农民收入增长的影响不显著。

从回归模型可以得出，农村金融排斥对农民收入增长的影响中，金融服务的深度维度、使用度维度和可负担度维度通过了显著性检验，而金融服务的可得度维度没有通过显著性检验。值得指出的是，农村地区获得银行业金融机构贷款的农户占比对农民收入增长具有负向的影响，这可能与预期有所不同，一般认为获得银行业金融机构贷款的农户占比越高获得贷款的农户就越多，农户的金融需求得到满足，就会促进其收入的增长。但回归模型得出的结论是，农村地区获得银行业金融机构贷款的农户占比对农民收入增长具有负向的影响，分析其原因可能是由于陕西县域农村地区农民贷款大部分并不是用于生产，而是多用于婚丧嫁娶、子女上学、治疗疾病等方面，而这些方面很难带来其收入的增长，农户在归还贷款时，甚至会使收入水平下降，这可能使获得贷款的农户占比对其收入增长具有负向的影响。

综合农村金融排斥程度对农民收入增长的影响效应的实证分析来看，省际农村金融排斥程度与农村居民人均纯收入有较为显著的负相关关系，但陕西省县域农村金融排斥程度与农村居民人均纯收入并没有显著的相关关系。省际农村金融排斥程度对农民收入增长的影响效应的回归结果显示，金融服务的深度维度、可得度维度、可负担度维度对农民收入增长具有显著的影响。县域农村金融排斥程度对农民收入增长的影响效应的回归结果显示，金融服务的深度维度、使用度维度、可负担度维度通过了显著性检验。因此，可以得出本书确定衡量金融排斥程度的四个维度对农民收入增长都具有较为显著的影响。从各维度的回归系数看，农村金融排斥的存在对农民收入增长具有负向的影响，因此要促进农民收入增长必须进一步破解金融排斥难题。

第四节　农村地区金融排斥对农户粮食生产的影响效应

一　金融排斥影响农户粮食生产的理论解释

《国家粮食安全中长期规划纲要 （2008—2020 年）》指出，粮食安全始终是关系我国国民经济发展、社会稳定和国家自立的全局性重大战略问题。随着粮食产量的八连增，当前我国粮食安全的总体形势较好，粮食综合生产能力得到稳步提高，供需实现基本平衡。但随着我国工业化、城镇化的继续推进，人口的不断增加，人民生活水平的持续提高，我国对粮食的需求将呈现刚性增长的趋势，这对我国继续推进粮食产量持续稳定增长提出了更高的要求。

保障国家粮食安全和促进农民收入增长是我国政府实施宏观调控的重要目标。粮食生产周期长，风险较大，收益较低，是典型的弱质产业。在边际报酬递减规律的作用下，粮食生产的边际报酬在生产过程中呈现不断下降的趋势，这就使得粮食生产资源向其他领域不断转移，而其他资源（如信贷、保险等金融资源）单单依靠市场的力量很难进入粮食生产领域。近年来，我国城乡居民的收入差距及东、中、西部地区农户的收入差距正在逐步扩大，而且我国还面临着严重的金融排斥问题。金融排斥问题的存在对农户获得和使用金融产品和服务具有一定的阻碍作用，进一步增大了金融资源进入粮食生产领域的难度。

笔者通过大量的走访调查发现，现阶段我国农户之间的收入差异较大，不同收入农户的金融需求也具有一定的差异，而且农户是理性经济人，追求收益最大化是其必然选择，由于种植粮食的收益率较低，不同收入农户的生产策略和预期收益是不同的，他们在粮食生产方面的金融需求也有所不同。在收入具有差异和金融产品用途的监管存在一定空白的条件下，不同收入农户的生产策略和预期收益是不同的，如果农户的金融需求得到满足，不同收入的农户可能在分配所获得的金融产品方面采取不同的策略，有的农户可能将其分配在粮食生产领域，有的农户可能将其分配在收益较高的非粮食生产的农业领域或非农领域，这可能会对其粮食生产产生一定的影响；如果农户受到金融排斥，金融需求得不到满足，由于缺乏必要的金融支持，不同收入农户可能会采取不同的策略，有的农户可能会继续从事进入门槛较低的粮食生产而放弃发展其他收益较高的产业，有的农户可能直接放弃务农而选择进城务工，这也可能对其粮食生产产生影响。那么，当前我国的农户收入差异以及面临的金融排斥问题是否确实对我国的粮食生产产生了影响？如果有影响，那么影响的大小和方向是什么？本节试图回答这些问题。

在对粮食生产影响因素的研究方面，郭卫东和穆月英（2012）、闫梅等（2011）、何满喜（2011）、龙方等（2010）等多数研究都集中在研究水利投资、建设用地扩张、播种面积、劳动力、化肥使用量、有效灌溉面积等方面对粮食生产的影响。钱贵霞和李宁辉（2006）采用分组比较法、生产函数法及最优规划模型等定量分析的方法，对我国粮食主产区粮食生产规模与粮农收入问题进行了研究，提出了农户获得最大收益的最优耕地面积、最优劳动力数量。马彦丽和杨云（2005）对粮食直接补贴政策对农户的种粮意愿、农户收入和生产投入的影响进行了研究，研究结果表明，粮食直补政策对农户的种粮面积扩大和农民收入的增加的影响较小。汪来喜（2010）以河南省为例对粮食生产中金融排斥的化解进行了研究，分析了财政支持、银行支持及期货发展对粮食生产的支持作用。

　　从国内外专家学者们的研究来看，对金融排斥与粮食生产的影响因素分别进行研究的文献较多，但将金融排斥与粮食生产结合起来研究的文献并不多见，将金融排斥、收入差异结合起来研究其对粮食生产的影响的文献更是少见。因此，本书试图运用相关数据针对农户的收入差异和金融排斥不同维度对我国粮食生产的影响进行实证分析，探究不同收入农户的金融需求的满足程度对粮食生产的影响。这对于了解收入差异、金融发展与粮食生产的关系，进一步发挥金融在我国粮食生产中的作用具有一定的意义和价值。

二　指标选择、数据来源和研究方法

（一）指标选择和数据来源

　　何广文（2001）研究指出，由于农户经济活动的内容和规模不同，其金融需求也表现出一定的层次性，根据农户金融需求的不同特征，按不同收入水平可以将农户分为贫困型农户、维持型农户和市场型农户。不同农户的金融需求的形式、特征和满足金融需求的手段、要求是不同的。因此，为了更为明确地分析不同收入农户受到金融排斥对其粮食生产的影响，本书采用低收入、中等收入和高收入地区对农户进行分类，分别对其进行研究。

　　根据《中国统计年鉴》公布的数据，2010 年全国农村居民家庭的人均纯收入为 5919 元，其中：江苏省农村居民人均纯收入为 9118 元，远远高于全国平均水平；河南省为 5524元，与全国平均水平基本持平；甘肃省为 3425 元，远远低于全国平均水平。根据三个省农村居民人均收入水平的差别，甘肃、河南和江苏三省分别符合低收入地区、中等收入地区和高收入地区农户的特征。因此，本书以这三个省为研究对象。为使研究更有针对性和说服力，本书使用三个省的县域数据针对不同收入地区的金融排斥程度对其粮食生产的影响进行研究。基于数据的可获得性和可靠性，本书筛选了江苏省的 45 个县（包括县级市）①、河南省的 50 个县（包括县级市）②、甘肃省的 38 个县（包括县级市）③ 作为研究样本。

　　由于金融排斥的评价学术界还没有统一的界定，本书采用第三章确定的对金融排斥的评价标准对金融排斥进行评价，关于粮食生产的评价指标，本书使用国家统计年鉴公布的粮食产量④的数据作为标准。在数据搜集整理过程中，考虑样本的可获得性和真实性，本书将第三章确定的金融排斥的评价标准进

---

　　① 分别是宝应、滨海、常熟、大丰、丹阳、东海、东台、丰县、阜宁、赣榆、高淳、灌南、灌云、海安、海门、建湖、姜堰、金湖、金坛、句容、昆山、溧水、溧阳、涟水、沛县、邳州、启东、如东、如皋、射阳、沭阳、泗洪、泗阳、睢宁、太仓、泰兴、吴江、响水、新沂、兴化、盱眙、扬中、仪征、宜兴、张家港。

　　② 分别是博爱、登封、封丘、巩义、固始、光山、潢川、获嘉、开封、兰考、灵宝、鹿邑、栾川、罗山、洛宁、孟州、泌阳、宁陵、濮阳、杞县、沁阳、陕县、商城、商水、睢县、遂平、台前、通许、尉氏、温县、武陟、舞阳、西华、西平、淅川、夏邑、襄城、项城、新蔡、新郑、许昌、鄢陵、延津、荥阳、永城、虞城、禹州、原阳、长葛、中牟。

　　③ 分别是阿克塞哈萨克族自治县、成县、崇信、宕昌、东乡族自治县、敦煌、皋兰、高台、古浪、瓜州、和政、红谷、华亭、会宁、金塔、泾川、景泰、靖远、两当、临洮、临夏、临泽、灵台、民乐、民勤、清水、山丹、肃南裕固族自治县、天祝藏族自治县、通渭、文县、武山、西和、永登、永靖、玉门、张家川回族自治县、庄浪。

　　④ 粮食产量包括国有经济经营的、集体统一经营的和农民家庭经营的粮食产量，还包括工矿企业办的农场和其他生产单位的粮食产量，计算的范围除包括稻谷、小麦、玉米、高粱、谷子及其他杂粮外，还包括薯类和豆类。

行了精简，其中：金融服务的深度维度用农村地区平均每人的贷款余额表示；金融服务的可得度维度用农村地区每万人拥有的银行营业网点数、农村地区每万人拥有的银行业服务人员数表示；金融服务的使用度维度用农村地区获得银行业金融机构贷款的农户占比表示。

考虑到数据的可得性和连续性，本书的数据来源于历年《中国统计年鉴》《江苏统计年鉴》《河南统计年鉴》《甘肃统计年鉴》，以及银监会发布的《中国银行业农村金融服务分布图集》所公布的金融排斥和粮食生产2006—2010年的相关数据。本书使用的计量软件为 Eviews 6.0。

（二）研究方法

由于本书使用的数据是面板数据，对面板数据进行估计时应首先对数据进行单位根检验，以检验数据是否是平稳的。确定了面板数据的平稳性之后，应识别并确定模型的形式。面板数据模型一般可分为混合模型、固定效应模型和随机效应模型三种形式。在确定模型的过程中，应首先使用豪斯曼（Hausman）检验确定是否应建立随机效应模型，如果通过检验，则应建立随机效应模型；如果未通过检验，则应通过 F 检验确定应建立混合模型还是固定效应模型。

本书将模型的一般形式设定为以下形式：

$$liangshi_{it} = \alpha_i + \beta_1 jigou_{it} + \beta_{2i} daikuan_{it} + \beta_{3i} nonghu_{it} + \beta_{4i} fuwu_{it} + \mu_{it} \tag{5—5}$$

$$i = 1, 2, \cdots, N; \qquad t = 1, 2, \cdots, T$$

模型中，liangshi 表示各县粮食的产量，jigou 表示各县农村地区万人金融机构覆盖度，daikuan 表示各县农村地区人均贷款水平，nonghu 表示各县农村地区获得银行业机构贷款农户占比情况，*fuwu* 表示各县农村地区万人拥有的金融服务人员数，α 是截距项，β 是各指标的系数，μ 是随机干扰项，即本书舍掉的其他影响农户粮食生产的因素。

三 实证分析

（一）金融排斥对低收入地区农户粮食生产的影响分析

为研究金融排斥对低收入地区农户粮食生产的影响，本书运用甘肃省的相关数据进行实证分析。在研究过程中，首先对所有数据进行单位根检验，通过检验发现各序列的 LLC 检验和 Fisher - ADF 检验的相应概率都小于 0.05，这说明模型所用的数据不存在单位根，是平稳序列。然后对模型进行豪斯曼检验，通过检验发现，豪斯曼检验的统计值为 23.0775，伴随概率为 0.0001，小于 0.05，所以不应建立随机效应模型。对模型进行 F 检验进一步确定模型的形式，通过计算得 $F = 75.5031 > F_{0.05}$（37，148）= 1.4915，所以应建立固定效应模型。通过进一步分析发现，金融排斥对低收入地区农户的粮食生产的影响应建立时点固定效应模型，具体检验结果见表 5—10。

从表 5—10 中可以看出，金融排斥对低收入地区农户粮食生产的影响中，农村地区人均贷款水平和农村地区万人拥有的金融服务人员数通过了 1% 的显著性水平检验，农村地区万人金融机构覆盖度和农村地区获得银行业机构贷款农户占比未通过显著性检验。

（二）金融排斥对中等收入地区农户粮食生产的影响分析

本书以河南省为例研究金融排斥对中等收入地区农户粮食生产的影响。对相关序列进行 LLC 检验和 Fisher - ADF 检验发现，各序列的相应概率都小于 0.05，所以各序列都为平稳序列。对模型进行豪斯曼检验发现，其统计值为 18.057862，伴随概率为 0.0012，所以不应建立随机效应模型。对模型做进一步的 F 检验得出，F = 380.9876 > $F_{0.05}$（49，196）= 1.4193，因此应建立固定效应模型。通过进一步分析发现，金融排斥对中等收入地区农户的粮食生产的影响应建立个体固定效应模型，具体结果见表 5—10。

由表 5—10 可以看出，金融排斥对中等收入地区农户的粮食生产的影响中，农村地区万人金融机构覆盖度和农村地区人均贷款水平通过了 1% 的显著性水平检验，农村地区获得银行业机构贷款农户占比情况在 5% 的显著性水平下显著，农村地区万人拥有的金融业服务人员数未通过显著性检验。

（三）金融排斥对高收入地区农户粮食生产的影响分析

为研究高收入地区农户的粮食生产受金融排斥的影响，本书以江苏省为例对其进行实证分析。首先对各序列进行 LLC 检验和 Fisher – ADF 检验发现，各序列的相应概率都小于 0.05，各序列不存在单位根，是平稳序列；然后进行豪斯曼检验得出，豪斯曼统计值为 21.2699，伴随概率为 0.0003，小于 0.05，所以不应建立随机效应模型；再对模型进行 F 检验，通过计算得出 F = 79.5225 > $F_{0.05}$（44，176）= 1.4455，所以应建立固定效应模型。对模型进一步分析可得，金融排斥对高收入地区农户的粮食生产的影响应建立个体固定效应模型，结果见表 5—10。

由表 5—10 可以看出，金融排斥对高收入地区农户粮食生产的影响中，农村地区获得银行业金融机构贷款农户占比通过了 5% 的显著性水平检验，农村地区万人拥有的金融业服务人员数通过了 10% 的显著性水平检验，其他两个变量未通过显著性检验。

表5—10　　金融排斥对粮食生产影响的面板数据分析结果

变量	低收入地区农户	中等收入地区农户	高收入地区农户
C	16.62200	52.40134	59.52140
	(0.0000)	(0.0000)	(0.0000)
jigou	-0.756240	-5.801589***	-9.088829
	(0.1074)	(0.0053)	(0.1056)
daikuan	-2.465996***	3.422877***	0.101282
	(0.0011)	(0.0080)	(0.8411)
nonghu	-0.571559	-3.622455**	-9.782830**
	(0.1833)	(0.0121)	(0.0174)
fuwu	-0.196963***	0.253911	0.632960*
	(0.0043)	(0.1903)	(0.0805)
Adjusted R^2	0.422338	0.988788	0.967537
模型类型	时点固定	个体固定	个体固定

注：括号内数值代表系数 t 统计量概率值；＊＊＊、＊＊、＊分别代表在1%、5%、10%的显著性水平下显著。

四　实证结果的进一步分析

本书在已有文献的基础上，借鉴已有的研究方法，研究了金融排斥、收入差异对农户粮食生产的影响。本章参考目前学术界比较流行的研究农户类型和金融排斥的方法，按地区农户人均纯收入将农户分为低收入地区农户、中等收入地区农户和高收入地区农户三种类型；构建了金融排斥的相应评价指标体系。根据2006—2010年的甘肃、河南和江苏省的相关县域数据，采用面板数据模型，分析了金融排斥的不同维度对不同收入地区农户的粮食生产的影响。通过实证研究得出，金融排斥对不同收入地区农户的粮食生产都有显著的影响，但不同收入地区农户受金融排斥影响的维度是不同的，而且各个维度对粮食生产的影响方向也各不相同。

研究发现，农村地区人均贷款水平和农村地区万人拥有的金融服务人员数对低收入地区农户的粮食生产的影响显著，且系数都为负数，其他两个变量没有通过显著性检验，这说明金融服务的深度维度和可得度维度对我国低收入地区农户的粮食生产具有显著的负影响，而金融服务的可使用度维度对农户粮食生产的影响不显著。这可能是由于低收入农户多是仅仅依靠微薄的农业收入维持基本生活，生活和生产资金都比较短缺，甚至需要举债维持基本的生活和生产需要，在他们有金融需求时，往往会由于主体不健全、风险较大、达不到相应条件等原因，被排除在金融产品和服务的营销和提供范围之外，使得金融服务的深度维度和可得度维度成为影响其粮食生产的主要因素。低收入地区农户对金融产品价格的承受能力虽然不强，但由于金融需求在很大程度上得不到满足，他们在能够获取相应的金融服务时又不得不承受较高的利率，这可能在很大程度上使得金融服务的可使用度维度没有成为影响其粮食生产的因素。

中等收入地区农户的粮食生产受农村地区万人金融机构覆盖度、农村地区的人均贷款水平和农村地区获得银行业金融机构贷款的农户占比的影响显著，受农村地区万人拥有的服务人员数的影响不显著，这说明中等收入地区农户的粮食生产主要受深度维度、可得度维度和可使用度维度的影响。值得指出的是，农村地区万人金融机构覆盖度和农村地区获得银行业金融机构贷款的农户占比对维持型农户粮食生产的影响是负向的，而农村地区的人均贷款水平对其的影响是正向的。由于中等收入地区农户的收入水平可以维持其基本生活，并拥有一定的能力扩大自己的收入，其所需要的资金一般用于生产用途，金融机构能够为其供给一部分金融产品，但总体上金融产品和服务的供给是不能满足农户的需求的，而且这些农户的金融需求很少用于粮食生产，其金融需求一般用于较高附加值和高收益率的产品领域，而且在我国大部分金融机构撤离农村地区，农村地区的金融供给主要依靠农村信用社的大背景下，造成了本书确定的金融服务的所有维度都成为中等收入地区农户粮食生产的主要影响因素。

高收入地区农户的粮食生产受农村地区获得银行业金融机构贷款的农户占比和农村地区万人拥有的服务人员数的影响显著，受农村地区万人金融机构覆盖度和农村地区人均贷款水平的影响不显著，这说明高收入地区农户的粮食生产的影响因素主要为金融服务的可使用度维度和可得度维度。需要指出的是，可使用度维度对其影响是负向的，可得度维度对其影响是正向的。高收入地区农户的收入水平较高，具有较强的负债能力，金融需求较大且主要用于专业化生产、规模化生产及工商业的发展等方面，金融机构可以为其提供一定数量的金融产品，但由于其缺乏必要的担保产品和有效的相应机制，这使得其金融需求在一定程度上不能得到完全满足。由于其可选择的范围相对较大，金融产品的价格成为其选择金融产品的重要依据，而且金融机构的营销策略和手段对其影响也较大，这在很大程度上造成了高收入地区农户的粮食生产主要受金融服务的可使用度和可得度维度的影响。

通过研究可以看出，不同收入地区的农户的粮食生产受到金融排斥影响的维度是不同的，农户金融需求的满足程度在很大程度上是与其收入水平相挂钩的，而且多数影响因素的系数都为负数进一步证明了农户的金融需求很少用于粮食生产领域。粮食生产领域不需要资金投入吗？答案显然是否定的，粮食生产领域需要投入资金，以改进种植方式，提高单产，增加效益，并确保国家粮食安全，这需要金融机构提供金融支持。

第五节　农村地区金融排斥对农户福利的影响效应

一　金融排斥影响农户福利的理论解释

随着经济社会的进步，农村金融在农户的生产、经营、生活等各个方面发挥的作用越来越大。但在当前阶段，由于金融排斥问题的存在，我国的农村金融供给在很大程度上不能满足农户的金融需求，这对农户的福利会产生一定的影响。专家学者们对此已做了不少研究并得出了许多有益结论。李庆海等（2012）采用我国2003—2009年的1000个农户的面板调查数据，对信贷配给对农户福利的影响进行了研究。在研究过程中，农户家庭的净收入和消费支出代表农户的福利，通过面板数据模型研究发现，信贷配给使得农户家庭净收入和消费支出分别减少18.5%和20.8%。李锐和朱喜（2007）运用Biprobit模型和Match模型对农户金融抑制及其福利损失进行了计量分析。在研究过程中，他们用样本农户的纯收入、净经营收入、消费性支出、非土地性资产表示农户的福利水平。研究发现，由于金融抑制导致农户的纯收入平均损失9.43%，净经营收入平均损失15.43%，消费性支出平均损失15.57%，非土地性资产平均损失14.58%。

农业是弱质性产业，其生产有一定的周期性，在其生产周期内，面临着各种各样的风险，如风霜雨雪、大风、冰雹等自然风险，生产资料价格上涨、产品价格下降等市场风险，最重要的是在农业的生产周期内，农民需要购买生产资料和投入大量劳动力，却得不到相应的收益。因此，如果在一个生产周期内农户经营失败，如果仅靠其自身的力量，不仅会使农户无法收回前期的投入，也会影响农户顺利进行下一生产周期的投入。在我国农村金融排斥程度较高的背景下，农户从金融机构获取资金会存在一定的困难，所以农户为保障当前的生产生活和顺利进行下一农业生产周期的投入，他们必须保持一定的资金水平。在这种情形下农户福利水平可能会受到一定的损失，那么金融排斥的存在到底对农户的福利水平有何影响，这一部分将研究和探讨这个问题。

二 研究方法和指标选择

农户的福利水平是一个比较抽象的概念，很难进行具体的衡量，本书为研究金融排斥对农户福利的影响，借鉴李庆海等（2012）的研究方法，用农户家庭的收入和消费支出代表农户的福利水平。农户家庭的收入水平和消费支出水平是农户生产、生活的基础，是农户福利水平的重要体现。农户受金融排斥的程度用笔者所调查的陕西省农村的 472 个农户所受的贷款排斥和储蓄排斥表示。在研究过程中，本书将农户是否受到贷款排斥和储蓄排斥看作一个哑变量，分别记为 loan 和 deposit，作为农户家庭的收入水平和消费支出水平的一个影响因素引入到其影响模型中，并将模型设定为以下形式：

$$welfare_i = \alpha + \beta_1 loan_i + \beta_2 deposit_i + \beta_{3j} X_{ji} + \mu \qquad (5\text{—}6)$$

模型中，*welfare* 表示农户的福利水平，X_j 表示影响农户福利水平的其他外生变量，α 是常数项，β 是贷款排斥、储蓄排斥和其他外生变量的影响系数，μ 是随机干扰项，表示没有被包括进模型的其他因素对农户福利水平的影响。

影响农户福利水平的因素很多，本书借鉴已有的文献，结合调研过程中与农户的访谈过程中所发现的影响农户福利水平的重要因素，确定其他影响农户福利水平的变量为：户主的年龄、受教育水平①、职业②、家庭人口数、家庭成员是否担任村干部或是否有亲戚朋友在当地金融机构或政府工作③、家庭耕地面积等，分别记为 $x_1 \sim x_6$。

三 实证分析

为研究金融排斥对农户收入的影响，本书将确定好的变量代入到模型中，利用 Eviews 6.0 计量软件得出回归结果，具体见表5—11。从回归结果可以看出，储蓄排斥对农户收入的影响通过了1%的显著性水平检验，且系数为 −0.931103，说明储蓄排斥的存在对农户收入具有显著的负向影响；而贷款排斥对农户收入的影响并没有通过显著性检验，这也证明了现阶段农户贷款较少用于扩大生产规模、扩大投资等方面，而较多用于婚丧嫁娶、治疗疾病、建房等方面，因此是否受到贷款排斥对其收入的影响不大，但贷款排斥的回归系数为负，也在一定程度上说明贷款排斥对农户收入具有负向的影响。

表5—11　　　金融排斥对农户收入的影响效应回归结果

变量	系数	标准差	t统计量	显著性水平
C	3.433804	1.071759	3.203895	0.0014
loan	−0.116920	0.245389	−0.476466	0.6340
deposit	−0.931103***	0.254524	−3.658208	0.0003
x_1	−0.022109*	0.012383	−1.785492	0.0748

① 户主受教育程度的赋值方式为：文盲赋值为1，小学赋值为2，初中赋值为3，高中赋值为4，职业技术学院赋值为5，大专及以上赋值为6。

② 职业表示户主的工作类型，当户主全职务农赋值为1，户主为边打工边务农赋值为2，户主全职打工时赋值为3，户主经商、从政时赋值为4。

③ 如果农户家庭中有成员担任村干部或有亲戚朋友在当地金融机构或政府工作，则赋值为1，否则赋值为0。

续表

变量	系数	标准差	t 统计量	显著性水平
x_2	0.116412	0.163669	0.711261	0.4773
x_3	0.219883 *	0.133201	1.650767	0.0995
x_4	0.212660 * *	0.093091	2.284418	0.0228
x_5	0.929262 * *	0.436192	2.130395	0.0337
x_6	-0.146819 * * *	0.028205	-5.205349	0.0000
R^2	0.625155	调整后 R^2		0.610039
F 统计值	98.27955	Prob.		0.000000

注：＊＊＊、＊＊、＊分别表示在1%、5%、10%的显著性水平下显著。

在本书确定的其他变量中，农户户主的年龄和农户的耕地面积分别通过了 10% 和 1% 的显著性水平检验，且系数为负，说明户主的年龄和耕地面积对其收入具有负向的影响，而户主的职业、家庭人口数、家庭成员是否担任村干部或是否有亲戚朋友在当地金融机构或政府工作分别在 10%、5%、5% 的显著性水平下显著，且系数为正，说明这些因素对农户收入具有正向的影响。农户的受教育水平对其收入的影响没有通过显著性检验，说明受教育水平对其收入的影响不大。

为进一步分析金融排斥对农户消费的影响，本书将确定好的变量代入模型，得到相应回归结果，见表5—12。从回归结果可以看出，贷款排斥对农户消费的影响通过了 10% 的显著性水平检验，系数为 -0.299996，说明贷款排斥对农户消费具有负向的影响；储蓄排斥对农户消费的影响通过了 1% 的显著性水平检验，系数为 -0.701947，说明储蓄排斥对农户消费也具有负向的影响。户主的职业和农户所拥有的耕地面积对其消费的影响分别在 5% 和 1% 的显著性水平下显著，系数分别为正负，说明户主的职业和农户所拥有的耕地面积对其消费分别具有正向、负向的影响。本书确定的其他变量没有通过显著性检验，说明这些变量对农户消费的影响并不显著。

综合贷款排斥和储蓄排斥对农户收入和消费的影响来看，虽然贷款排斥对农户收入的影响没有通过显著性检验，但从其系数来看，其对农户的福利水平具有负方向的影响。因此，我们可以得出金融排斥对农户的福利水平都有负向影响的结论，即金融排斥问题的存在对农户的福利水平具有负效应，金融排斥问题会造成农户的福利损失，因此要进一步促进农户福利水平的提高，必须进一步破解农户面临的金融排斥难题。

表5—12　　金融排斥对农户消费的影响效应回归结果

变量	系数	标准差	t 统计量	显著性水平
C	2.649557	0.751011	3.527988	0.0005
loan	-0.299996 *	0.171951	-1.744664	0.0817
deposit	-0.701947 * * *	0.178352	-3.935738	0.0001
x_1	-0.014207	0.008677	-1.637336	0.1022
x_2	0.006912	0.114687	0.060272	0.9520
x_3	0.199301 * *	0.093337	2.135280	0.0333
x_4	0.077330	0.065232	1.185461	0.2364
x_5	0.417667	0.305652	1.366480	0.1725
x_6	-0.090530 * * *	0.019764	-4.580497	0.0000
R^2	0.515000	调整后 R^2		0.499708
F 统计值	87.52048	Prob.		0.000000

注：＊＊＊、＊＊、＊分别表示在1%、5%、10%的显著性水平下显著。

第六节　农村地区金融排斥对农村金融体系的影响效应

经过一系列改革，我国已经初步建立起了以中国农业银行、中国农业发展银行、农村信用社及村镇银行、小额贷款公司和农村资金互助社等新型农村金融机构为主体的正规农村金融机构，也形成了以亲朋好友借款、地下钱庄、高利贷、合会等形式的非正规金融形式。农村金融排斥的存在虽然表现为农户、农村企业不能获得正规金融服务，但金融排斥的存在对正规农村金融机构的发展也会造成一定的影响，也在很大程度上对非正规金融机构造成一定影响。

一　金融排斥对正规农村金融机构的影响效应

由于金融排斥问题的存在，正规农村金融机构出于利润、风险等方面的考虑，农村金融供给较少，使得农村金融需求在很大程度上得不到满足。正因为在申请农村金融产品和服务的过程中面临种种困难，会逐步使得农村金融需求主体在申请金融服务的过程中越来越不"自信"，并最终导致自我排斥，而放弃向正规农村金融机构申请金融产品和服务，这会进一步导致正规农村金融机构压缩农村金融服务的供给量，导致农村金融排斥程度进一步加深，这就陷入了一个恶性循环，最终可能导致正规农村金融机构退出农村金融市场。现阶段，一大批农村金融机构正在逐步撤离农村，就是这一问题的重要佐证。虽然从短期来看，农村金融机构撤离农村会增加其利润，减小其风险，但这也使得正规农村金融机构正在逐步丧失农村金融市场。随着我国改革开放的进一步深入，农民收入的逐步增加，农村金融市场的潜力是巨大的。因此，从长远看，正规农村金融机构压缩农村金融市场业务对其发展是有不利影响的。

另外，农村金融排斥的存在对农村金融机构的影响也有积极的方面。田霖（2007）的研究认为，金融机构进行目标化影响，可能会对目标外的人造成金融排斥，但这种营销方式却有利于金融机构进行客户群的细分和对不同客户提供不同的服务。因此，农村金融机构的经营方式可能会导致农村金融排斥，但却有利于其提高利润，减少风险。在市场经济的大环境下，这在一定程度上有利于其长期健康发展。

二　金融排斥对非正规农村金融的影响效应

正规农村金融机构出于对利润和风险等方面的考虑，减少农村金融的供给，这导致了农村地区金融排斥问题的产生。由于这个问题，农村金融需求主体的金融需求得不到满足，这就使得很大一部分农村金融需求主体转向非正规农村金融，并依靠非正规农村金融满足其金融需求，因此金融排斥对非正规农村金融发展具有促进作用。

相比于正规农村金融机构，非正规农村金融机构有着无可比拟的优势：非正规农村金融一般是在一个较小的区域内，在彼此较为熟悉的主体之间进行交易，这就在很大程度上解决了信息不对称问题；非正规农村金融在交易过程中大多是信用交易，一般不要求抵押和质押，这就解决了农村金融需求主体缺乏抵押和质押物的难题；非正规农村金融的交易方式、时间、地点较为灵活，操作简单，交易成本较低。这些优势使得非正规农村金融成为农村金融需求主体满足其金融需求的继正规农村金融机构之后的一个次优选择（徐少君，2008）。

农村金融排斥对非正规农村金融发展具有促进作用，这会对非正规农村金融的发展带来一定的冲击。虽然非正规农村金融的存在具有一定的必然性和积极性，但由于缺乏必要的监管和指导，会使得非正规农村金融存在很多问题和风险，一旦经营失败，其带来的影响是十分广泛的，会给整个社会带来巨大损失。因此，近年来国家也正在逐步加强对非正规农村金融的管理和引导。

第七节　本章小结

本章在前几章研究的基础上，对农村地区金融排斥的影响效应进行了研究。在研究过程中，本章选择农村经济增长、农民收入提高、粮食安全、农户福利和农村金融机构发展等关系国家发展、稳定和安全的重要方面，研究农村地区金融排斥的存在对其影响效应。了解农村金融排斥的影响效应，对于了解破解农村地区金融排斥的重要性，并试图找到破解农村金融排斥的路径具有重要的现实意义。

在研究农村地区金融排斥对农村经济增长的影响效应的过程中，本章首先进行了理论分析，研究发现，国内外专家学者们在研究农村经济增长和农村金融的关系中都发现，农村金融发展对农村经济增长具有重要作用，因此农村金融排斥的存在对农村经济增长可能会有负向的影响。在实证研究中，本章将农村金融排斥水平作为一个变量引入柯布—道格拉斯生产函数，构建了农村经济增长的回归模型，选择相应指标，并利用面板数据回归模型得到回归方程。回归结果显示，农村金融排斥对农村经济增长具有负向的影响，即农村金融排斥程度越低，农村经济增长越快；而农村金融排斥程度越高，农村经济增长越慢。

在分析农村地区金融排斥对农民收入增长的影响中，本章也首先对其进行了理论分析，通过对已有文献的分析发现，农村金融发展对农民收入增长具有重要的促进作用，因此农村金融排斥存在对农民收入增长可能会具有抑制作用。本章采用第三章确定的评价指标并与农村居民人均纯收入一起构建了回归模型，利用省际的面板数据和陕西省县域的截面数据对其进行了回归分析。回归结果显示，省际农村金融排斥对农民收入增长的影响中，金融服务的深度维度、可得度维度和可负担度维度中的指标通过了显著性检验，而金融服务的可使用度维度指标没有通过显著性检验；县域农村金融排斥对农民收入增长的影响中，金融服务的深度维度、可使用度维度和可负担度维度通过了显著性检验，而金融服务的可得度维度没有通过显著性检验。综合省际和县域农村金融排斥对农民收入增长的影响来看，本章确定的各个维度对农民收入增长都具有较为显著的影响，且基本都具有负向的影响，因此要促进农民收入增长，必须进一步破解农村金融排斥难题。

粮食安全是重要的战略问题。在我国地区间农户收入差距较大以及农村地区面临着严重的金融排斥问题的大背景下，为分析金融排斥和收入差异对农户粮食生产的影响，本书在已有文献的基础上，对金融排斥的不同维度对不同收入农户粮食生产的影响进行了实证分析。研究发现，低收入地区农户的粮食生产受金融服务的深度维度和可得度维度的影响显著；中等收入地区农户的粮食生产受金融服务的深度维度、可得度维度和可使用度维度的影响显著；高收入地区农户的粮食生产受金融服务的可使用度维度和可得度维度的影响显著。

在研究农村地区金融排斥对农户福利的影响效应的过程中，通过理论分析发现，农村金融排斥的存在可能对农户的福利带来一定损失。因此，本章借鉴已有的研究，利用农户家庭的收入和消费支出代表农户的福利水平，并以陕西省农村的472个农户的实地调研数据为基础，对贷款排斥和储蓄排斥对农户福利的影响进行了实证分析。回归结果显示，储蓄排斥对农户收入的负向影响显著，但贷款排斥对农户收入的影响没有通过显著性检验。贷款排斥对农户收入的影响没有通过显著性检验，在一定程度上说明现阶段农户贷款较少用于扩大生产规模、扩大投资等方面，而较多用于婚丧嫁娶、治疗疾病、建房等方面，因此是否受到贷款排斥对其收入的影响不大；贷款排斥对农户消费的影响通过了显著性检验，储蓄排斥对农户消费的影响也通过了显著性检验，且二者的系数都为负，说明贷款排斥和储蓄排斥对农户消费具有负向的影响。

农村金融排斥对农村金融体系的影响效应中，本书较为简单地分析了金融排斥的存在对正规农村金融机构和非正规农村金融的影响效应。研究发现，农村金融排斥会使得正规农村金融机构和农村金融需求主体之间形成"金融排斥—自我排斥—正规农村金融机构压缩农村金融服务的供给量—金融排斥加深"这样一个恶性循环，并可能使正规农村金融机构最终退出农村金融市场。农村金融市场是一个潜力巨大的市场，如果农村金融机构退出农村金融市场，从长远看对其发展具有不利的影响。另外，农村金融排斥的存在对农村金融机构也具有一定的积极影响。农村金融排斥的存在对非正规农村金融的发展具有一定的促进作用，由于非正规金融相比正规金融机构具有一定的优势，这就使得非正规金融成为农村金融需求主体满足其金融需求的一个次优选择，但是非正规金融的发展会给正规农村金融机构带来一定冲击，而且非正规金融存在很多问题和风险，需要进一步加大对其管理和引导。

第六章　国外破解金融排斥的经验借鉴

　　金融排斥问题是当前世界多数国家普遍面临的共同难题，是近年来国内外研究的热点。金融排斥是社会排斥的一部分，金融排斥的存在加剧了社会的两极分化，阻碍一个国家或地区经济的发展和居民收入水平的提高。随着对金融排斥认识的提高和研究的深入，各国和地区都纷纷采取不同措施，试图破解金融排斥难题，推进金融包容，建立普惠型的金融体系，为经济发展和居民收入提高提供保障和支持。世界各国破解金融排斥的措施，对于我国破解农村金融排斥具有一定的借鉴意义，因此本书对美国、英国、澳大利亚、孟加拉国等国家破解金融排斥的具体措施进行介绍和分析，为我国破解农村地区金融排斥难题提供参考和借鉴。

第一节　美国破解金融排斥的经验

一　美国的金融排斥程度

　　美国拥有发达的金融制度和完善的金融服务体系，金融交易频繁，金融服务在美国人的生活中已经不可或缺。但是，在这样发达的金融制度下，美国仍然存在着金融排斥现象。表6—1所示为2007年和2010年美国不同特征家庭中没有交易账户①家庭所占比例的情况。从表6—1中可以看出，美国家庭中没有交易账户的家庭的主要特征是家庭收入水平在所有家庭中所占的百分位数小于20%、户主的年龄小于35岁、户主的受教育水平低于高中、户主的工作状态为没有工作、家庭的住房状态为租房或其他。2007年家庭收入水平占所有家庭百分比小于20%的家庭没有交易账户的比重为25.1%，2010年这一数字为23.8%，这一比例是比较高的，而且2010年相比于2007年并没有明显的改善。因此，可以得出美国的金融排斥程度也是比较严重的。

表6—1 　　　　　　不同特征家庭中没有交易账户家庭所占的比重 　　　　（%）

特征	类别	2007 年	2010 年
家庭收入水平占所有家庭百分比	小于 20%	25.1	23.8
	20% ~ 39.9%	9.9	8.9
	40% ~ 59.9%	3.7	3.6
	60% ~ 79.9%	0.7	1.1
	80% ~ 89.9%	0.0	0.2
	90% ~ 100%	0.0	0.1
户主的年龄	小于 35 岁	12.7	11.0
	35 ~ 44 岁	8.8	9.4
	45 ~ 54 岁	8.3	7.5
	55 ~ 64 岁	3.6	5.8
	65 ~ 74 岁	5.4	4.2
	大于 75 岁	4.7	3.6

---

① 交易账户包括支票账户、储蓄账户、货币市场存款账户以及经纪银行的现金或电话账户，交易账户在美国人的日常生活中非常重要，没有交易账户会使其生活面临种种困难。

续表

特征	类别	2007 年	2010 年
户主的受教育水平	低于高中	24.3	22.6
	高中	9.1	10.0
	大专	6.1	5.4
	本科及以上	1.3	1.6
户主的工作状态	被他人雇佣	7.4	6.4
	自我雇佣	3.1	5.2
	退休	8.4	8.3
	其他没有工作	21.4	17.3
家庭的住房状态	自有	2.7	2.6
	租房或其他	19.2	17.6

资料来源：根据 2007 年和 2010 年美联储公布的消费者财务状况调查（Survey of Consumer Finances）整理所得。

二　美国破解金融排斥采取的主要措施

金融排斥问题及其所带来的影响得到了美国政府、社会和民众的重视，采取了各种破解措施。在其所采取的措施中最重要的是美国制定并实施的《社区再投资法》（CRA）。

《社区再投资法》是美国为满足中低收入地区和借款人的信贷需求，解决信贷歧视、信贷配给等金融难题，在 1977 年制定的法案，并在 1989—2009 年间进行了七次大的修订。美国制定《社区再投资法》的背景是由于市场失灵和种族歧视等原因，很多银行只愿在熟悉的地区开展业务，而排斥在陌生的地区和环境中开展业务，因此造成了很多地区金融服务的空白，而且由于种族歧视导致一些少数种族和穷人在贷款过程中会遭到歧视而得不到贷款。《社区再投资法》的适用对象是参加联邦存款保险的存款机构，包括储贷机构、储蓄银行、国民银行和州立特许商业银行。《社区再投资法》规定在安全和稳健的经营原则下，金融机构有义务满足其经营业务所在地区的信贷需求。为确保这一规定的顺利实施，美联储、联邦存款保险公司等四个主要的金融监管机构制定了对金融机构的严格的考核机制。考核的内容包括：金融机构是否满足了所在社区小企业、小农场和社区发展方面的信贷需求；对中低收入社区居民消费贷款发放的笔数、分布、金额以及占自身贷款的比例等；金融机构在社区所设置的服务网点及服务的范围等。考核结果分为"严重不合规"、"需要改进"、"满意"、"优秀"等，考核结果对金融机构申请设立新的分支机构、兼并收购或合并金融机构具有重要的影响。《社区再投资法》取得的成效是较为显著的，1996—2008 年美国中低收入社区共获得 CRA 小企业贷款 6310 亿美元、社区开发贷款 4800 亿美元①，对破解金融排斥难题起到了重要作用。

除《社区再投资法》外，美国为破解金融排斥难题，还通过制定银行最高费用界限，减少金融服务成本，建立社区银行、金融超市、邮局等方式增加金融服务的可获得性，尽可能为中低收入群体提供金融服务，同时加大金融产品的创新力度，满足不同群体的不同需求，并通过金融救助的方式为极弱势的群体开立储蓄账户，使其享受基本的金融服务（谢欣，2010）。通过实施这一系列措施，美国的金融排斥状况得到了有效改善，金融服务的可使用度和可获得度都得到有效提升。

第二节　英国破解金融排斥的经验

一　英国的金融排斥程度

英国是现代金融业发展最早的国家之一，有着发达的金融体系，金融产品和服务在英国居民的生活中所起的作用举足轻

---

① 柳立：《美国〈社区再投资法〉的实践对我国的启示》，《金融时报》2010 年 5 月 17 日第 5 版。

重，但英国也面临着金融排斥难题。表6—2所示为英国不同类型家庭金融产品拥有量所占比重的情况。从表6—2中可以看出，在所有的英国家庭中，拥有较少、少、没有金融产品占所有家庭的比重分别为20%、19%、7%，即有高达46%的家庭拥有金融产品的数量较少；有11%的家庭拥有的金融产品的数量达到了平均水平；43%的家庭拥有的金融产品的数量较多；在不同特征的家庭中，户主的年龄为16～19岁、家庭种族为黑人、户主的受教育年限为16年及以下、家庭的住房状况为租住政府房屋的家庭所拥有的金融产品相比于其他类型家庭所拥有的数量较少，甚至没有。由此看来，英国金融排斥的状况也是较为严重的。

表6—2　英国不同类型家庭拥有金融产品的数量所占的比重　　　　（%）

特征	类别	家庭拥有的金融产品的数量					
		没有	少	较少	平均水平	较多	多
所有家庭		7	19	20	11	21	22
户主的年龄	16～19岁	26	57	13	2	2	—
	20～29岁	11	27	18	11	19	15
	30～39岁	6	16	15	11	26	26
	40～49岁	4	11	15	11	25	34
	50～59岁	5	13	17	11	23	32
	60～69岁	6	18	24	13	19	19
	70～79岁	7	27	29	13	15	9
	80岁及以上	10	39	27	8	10	6
家庭种族	白人	6	19	20	11	21	23
	黑人	16	37	22	8	11	7
	印度人	3	17	26	16	18	19
	巴基斯坦人或孟加拉人	14	42	29	7	6	2
	其他	7	29	21	8	21	14

续表

特征	类别	家庭拥有的金融产品的数量					
		没有	少	较少	平均水平	较多	多
户主的受教育年限	16 年及以下	8	23	22	11	19	16
	17~19 年	3	11	15	11	26	35
	20 年及以上	—	7	12	10	25	45
家庭住房状态	自有	—	11	29	15	24	20
	按揭购买	—	1	12	14	33	40
	租住政府房屋	23	51	19	4	2	—
	住房互助协会	20	50	23	4	2	1
	租住私人房屋	9	39	28	10	10	5

注：资料来源于英国金融服务管理局（Financial Services Authority）的调查数据。表中家庭拥有金融产品少表示拥有 1~2 种金融产品，较少表示拥有 3~4 种金融产品，平均水平表示拥有 5 种金融产品，较多表示拥有 6~7 种金融产品，多表示拥有 8 种及以上金融产品。

二 英国破解金融排斥采取的主要措施

英国为破解金融排斥难题采取了各种措施，主要为政府出资推动解决金融排斥问题和依托伙伴关系拓宽金融服务渠道解决金融排斥问题（王志军，2007）。英国政府实施了一系列政策，帮助中低收入人群获得最基本的金融服务，在破解金融排斥问题中起了重要作用。如英国政府设立"儿童信托基金"（Child Trust Fund）项目，鼓励儿童父母为其存钱，且 2002 年 8 月 31 日之后出生的儿童会收到政府给予的 250 英镑的信托基金，当儿童满 7 岁时，政府会再给孩子 250 英镑，父母可以给孩子每年存入 0~1200 英镑。儿童信托基金是免税的，属于儿童个人，在 18 岁之前不能动用。18 岁之后可以用于缴纳学费、结婚、购房、生活费等，保障其基本生活。英国政府还设立"储蓄门户"（Saving Gateway）、社会基金（Social Fund）等鼓励低收入人群进行储蓄，为资金困难而又很难从金融机构获得贷款的人群提供捐赠和无息贷款。

英国社会普遍认为通过中央政府、地方当局、监管当局、商业组织和非营利性组织的共同努力，是解决金融排斥的最好办法，因此英国政府推动了银行与非营利性组织，如银行、信用社等组织建立伙伴关系，拓宽金融服务渠道（王志军，2007）。为解决金融排斥中的地理排斥问题，英国的多数银行都与邮局建立了伙伴关系，允许拥有银行账户的人可以在邮局的分支机构中免费提取现金。各银行还与信用社建立伙伴关系，为信用社的发展提供各种支持，鼓励信用社为弱势群体和落后地区提供金融服务。经过各方共同努力，英国的金融排斥程度得到有效缓解，金融包容性有了较大提高，金融排斥的各个指标都有所降低（王志军，2007）。

第三节　澳大利亚破解金融排斥的经验

一　澳大利亚的金融排斥程度

澳大利亚有着健全的金融体系和法律制度。经过多年的发展，澳大利亚已经建立起了以国营中央银行（澳大利亚储备银行，Reserve Bank of Australia）为核心，国营商业银行、私营商业银行为主体，并有专业银行、储蓄银行及大量非银行金融机构组成的金融体系。同时，澳大利亚不断完善其金融法律体系，建立了健全的金融法律制度和金融监管体制。但是在健全的金融体系下，澳大利亚的金融排斥问题依然比较严重（澳大利亚国民银行，2011）。澳大利亚罗伊摩根研究公司（Roy Morgan Research Company）基于3种基本的金融产品和服务对澳大利亚的金融排斥状况做了调查，调查的对象是澳大利亚超过18周岁的成年居民，每年对50000人进行调查。在调查中他们设定：如果一个居民同时拥有 3 种基本的金融产品和服务，则认为该居民没有受到金融排斥（即他们是被金融包容的）；如果一个居民同时拥有 3 种基本产品和服务中的两个，则认为该居民受到轻微的金融排斥；如果一个居民仅拥有 3 种基本产品和服务中的一个，则认为该居民受到较严重的金融排斥；如果一个居民没有拥有 3 种产品和服务中的任意一个，则认为该居民受到完全的金融排斥。基于以上的设定，该公司对 2007—2010 年澳大利亚金融排斥的状况进行了调查，调查结果见表 6—3。从表 6—3 中可以看出，2007—2010 年，澳大利亚每年受到金融排斥的居民数（严重金融排斥和完全金融排斥之和）分别占调查居民总数的 16%、14.7%、15.3% 和 15.6%，特别是受到完全金融排斥的居民一直在 1% 左右徘徊，比例比较高。由此看来，澳大利亚金融排斥的程度是比较严重的。

表 6—3　　　　　2007—2010 年澳大利亚金融排斥状况　　　　（%）

金融排斥的程度 年份	金融包容	轻微金融排斥	严重金融排斥	完全金融排斥
2007	45.7	38.4	14.5	1.5
2008	46.6	38.7	13.8	0.9
2009	44.6	40.0	14.6	0.7
2010	43.4	41.0	14.8	0.8

注：数据来源于罗伊摩根研究公司 2007—2010 年的调查。

罗伊摩根研究公司的调查显示，导致金融排斥的人口学特征主要包括以下几方面：较低的文化水平、非澳大利亚出生的人、18 ~ 24 岁或 65 岁以上的人、没有工作的人；而导致金融包容的人口学特征主要是较高的文化水平、有全职工作的人和年收入超过 30000 美元的人。由此看来，文化水平的高低、有没有稳定的工作和收入水平的高低对澳大利亚金融产品和服务的获取及使用具有重要的影响。

澳大利亚社会影响研究中心① （Center of Social Impact） 和 PureProfile② 调查中心对澳大利亚金融排斥的城乡差异情况做了调查。调查发现，澳大利亚的金融排斥具有明显的城乡差异性，见表6—4。从表6—4中可以看出，城市地区在各个指标的数值都远远大于农村地区，说明城市地区在受到金融包容和金融排斥的绝对人口方面是远远大于农村的。但是澳大利亚农村人口的比重仅占总人口的4.85%，而4.85%的人口却占据了28.6%的受到完全金融排斥的人口，由此可见，澳大利亚农村金融排斥的程度是远远大于城市的。

表6—4　　　　　　　澳大利亚金融排斥的城乡差异　　　　　　　（％）

金融排斥的程度 地区	金融包容	轻微金融排斥	严重金融排斥	完全金融排斥
城市地区	80.9	88.9	70.4	71.4
农村地区	19.1	11.1	29.6	28.6

注：数据来源于澳大利亚社会影响研究中心和 PureProfile 调查中心 2011 年的调查。

二　澳大利亚破解金融排斥采取的主要措施

近年来，澳大利亚采取了一系列措施，试图破解金融排斥，这些措施取得了一定的成效，澳大利亚的金融排斥问题有所缓解。澳大利亚采取的措施具体如下：

第一，推广小额信贷计划。小额信贷是各国在破解金融排斥难题时普遍采用的措施，是一种以低收入人群为服务对象的小规模的金融服务方式。小额信贷通过为贫困居民或企业提供

①　澳大利亚社会影响中心是澳大利亚的部分企业、政府、慈善机构和第三部门（不以营利为目的）合作组建的，旨在促进增加社群容量和促进社会创新。
②　PureProfile 是澳大利亚一个基于互联网的在线调查公司。

小规模的信贷支持，促进其摆脱贫困，走向自我生存和发展，是破解金融排斥的重要途径。从 2003 年开始，澳大利亚联邦和各州政府联合澳大利亚国民银行等金融机构及其他社区组织，开始推广小额信贷计划，通过提供安全的、公平的、可负担得起的金融产品和服务，旨在消除金融排斥，帮助受到金融排斥的居民摆脱金融排斥，与此同时，还通过为小额信贷获得者提供咨询、培训等服务，帮助他们了解金融知识，获取金融信息，增强他们的金融意识，为更进一步破解金融排斥打下基础。

第二，创新金融产品和服务。金融机构不能提供有差异的、多样性的金融服务和产品是造成澳大利亚金融排斥的重要原因。因此，近年来澳大利亚政府和相关金融机构加大了金融产品和服务的创新力度，特别是针对受到金融排斥的人群、企业和组织，创造了很多有差异的、多样性的金融产品和服务，为不同人群获取其正常生活所需要的金融产品和服务提供便利。具体产品如澳大利亚国民银行所制订的免息贷款计划（No Interest Loan Scheme，NILS）、小型企业贷款计划（NAB Microenterprise Loans）、AddsUP 储蓄计划①、StepUP 贷款②等。

第三，特别针对土著居民采取一系列措施帮助他们获得金融产品和服务。土著居民是澳大利亚受到金融排斥最严重的群体，根据澳大利亚社会影响研究中心和 PureProfile 调查中心 2011 年的调查发现，受到金融排斥的土著居民的比例占被排

---

① AddsUP 储蓄计划，是澳大利亚国民银行等机构 2009 年发起的一种储蓄计划，旨在帮助澳大利亚的低收入者设定自己的储蓄目标，建立自己的储蓄计划，并在其达到一定的目标时银行提供相应数额的贷款作为回报。

② StepUP 贷款是澳大利亚国民银行等机构 2004 年设计并发起的一种低价的、针对澳大利亚受到金融排斥的人群的一种安全的、可负担的、低利率的贷款产品，旨在帮助贷款获得者提高信用记录，增强金融意识和自信心，并给他们提供金融相关信息，最终使他们进入主流金融体系，并使用主流的金融产品和服务。

斥总人口的 19.1%，远远高于相应受到轻微金融排斥和金融包容人口所占的比例（具体为 4.2%）。针对土著居民，澳大利亚政府和金融机构采取了一系列措施，为他们提供公平、安全、可负担的金融产品，破解金融排斥。如澳大利亚国民银行的澳大利亚土著居民计划，依靠传统的信用合作社在服务土著居民方面的优势，通过与其建立伙伴关系，联合为土著居民提供金融产品和服务，还建立了土著居民金融指导网络，帮助土著居民了解金融信息，熟悉金融业务，增强金融意识，进而破解金融排斥。

第四，采取措施降低金融产品和服务的价格。金融产品和服务的价格超出其需求者的承受能力是引起金融排斥的重要原因。因此，澳大利亚采取了一定措施，试图降低金融产品和服务的价格，提高居民对其的可负担性，增强金融产品的可获得性。例如，澳大利亚国民银行从 2009 年开始实行"多予少取"（More Give，Less Take）计划，降低金融产品与服务的价格和费用。通过该项计划，2010 年该银行为其客户节约了 2 亿美元的费用，大大提高了金融产品和服务的可负担性。

第五，加强对金融排斥问题的研究，寻找更加科学的破解对策。加强对金融排斥的研究，了解金融排斥的程度、原因及影响，是进一步寻求金融排斥破解对策的重要基础和途径。近年来，澳大利亚对金融排斥的重要性的认识逐渐提高，澳大利亚国民银行、社会影响研究中心、罗伊摩根研究公司、PureProfile 调查中心等机构都对澳大利亚的金融排斥状况进行了系统研究，这对于破解澳大利亚的金融排斥难题起到了至关重要的作用。

第四节　孟加拉国破解金融排斥的经验

孟加拉国经济发展较为落后，国际货币基金组织（IMF）

公布的《世界经济展望》（*World Economic Outlook*）中提供的数字显示，2011 年孟加拉国的 GDP 为 104919 百万美元，居世界所有国家和地区中的第 57 位，可以看出，孟加拉国经济发展在世界各国中是较为落后的。但就是在这样一个国家，其农村金融发展却是成功的，成为很多国家学习和模仿的对象。孟加拉国农村金融排斥程度是相对较低的，其农村金融的成功得益于银行家穆罕默德·尤努斯（Muhammad Yunus）创办的孟加拉国格莱珉银行（Grameen Bank），尤努斯因此获得了 2006 年度的诺贝尔和平奖。

尤努斯从 1976 年开始向穷人发放小额贷款，帮助穷人开展生产，改善其生活状况。1983 年，孟加拉国政府正式允许尤努斯创办格莱珉银行，为农户提供无抵押、无担保的小额贷款（陈坚等，2008）。在 30 多年的发展中，格莱珉银行已经向妇女占比超过 96% 的 400 多万个农民提供了 53 亿美元的贷款，且还款率高达 98.89%，在孟加拉国的 46620 个村庄中建立了 1227 个分行，雇用了 12546 名员工，建立了庞大的银行网络（穆罕默德·尤努斯，2006）。

尤努斯认为，从银行获得贷款是人的一项基本权利，且穷人是值得信赖的（陈坚等，2008），因此格莱珉银行是真正的穷人的银行，坚持向中低收入农民特别是妇女提供无须抵押的小额贷款。格莱珉银行的经营理念和目标是扶贫，重视财务的可持续性，不追求利润的最大化（农业银行国际业务部课题组，2009）。格莱珉银行的贷款灵活方便，利率较低，贷款期限一般为一年，实行分期还款的方式，贷款人每周都需要向银行还款。贷款农民自由组成信贷小组，以小组联保的方式向银行贷款，小组成员之间互相监督贷款的利用和回收情况。除向农民提供贷款外，格莱珉银行还创新金融服务项目，满足多元的金融需求，并向贷款户提供投资信息，组织技术培训，从根本上提高农民脱贫致富的能力。在经营过程中，格莱珉银行不断改进和提高，小组的作用被逐步削弱，贷款的期限更加灵活，还款的方式、数额、期限也更加多样，而且基本实现了储贷相当，走上了一条可持续的运营道路（陈坚等，2008）。

第五节　国外破解金融排斥的经验总结与对我国的启示

一　国外破解金融排斥的经验总结

通过对美国、英国、澳大利亚、孟加拉国的金融排斥状况及其破解金融排斥的主要措施的分析发现，这些国家的金融排斥程度都是较为严重的，但通过实施一系列具有针对性的破解措施，这些国家的金融排斥程度都有很大程度的缓解。总结这些国家破解金融排斥难题的方式和方法，对于我国破解金融排斥，特别是破解农村金融排斥难题具有一定的借鉴意义。总体来看，这些国家普遍采用的破解金融排斥的措施主要分为以下几点：

第一，提高被金融排斥者的收入水平是破解金融排斥的根本措施。从各国被金融排斥的主要群体来看，受到金融排斥的人群主要是低收入的群体，因此只有提高收入水平才能从根本上帮助其破解金融排斥难题。各国在选择破解金融排斥的措施时，并不是简单地帮助受到金融排斥的人群获得金融产品，而是帮助其提高收入水平。如孟加拉国的格莱珉银行的经营目标的定位就是扶贫，在向贫困农民提供贷款的同时，还向其提供投资信息和技术培训，从根本上提高获得贷款的农民的致富能力。

第二，国家高度重视金融排斥难题，政府支持金融排斥难题的破解是破解金融排斥的重要保障。国家重视和政府支持是破解金融排斥的重要前提，只有国家重视和支持金融排斥的破解，才能为破解金融排斥难题提供相应的政策环境。从各国破解金融排斥的措施来看，各国都高度重视金融排斥问题，政府也采取了各种措施支持金融排斥难题的破解。如英国政府设立的"儿童信托基金"、"储蓄门户"、社会基金等项目，都是政府支持破解金融排斥的具体措施，这对居民和金融机构都有一定的引导作用，有利于调动金融机构创造更多金融产品满足不同需求者的多元需求的积极性，对破解金融排斥具有重要意义。

第三，创新金融产品和服务是破解金融排斥难题的重要措施。很多被金融排斥者之所以受到金融排斥，其中很大的原因是金融机构提供的金融产品和服务不符合其自身需求，或自身的条件不符合金融产品和服务所设定的获得条件。各国在破解金融排斥难题时十分注重金融产品和服务的创新，如澳大利亚国民银行制订的免息贷款计划、小型企业贷款、StepUP 贷款、AddsUP 储蓄计划等，这对于破解金融排斥具有重要作用。在创新金融产品和服务的过程中，各国还纷纷加强不同金融机构之间的合作，依靠不同金融机构的合作破解金融排斥难题，例如：英国政府推动了银行与非营利性组织，如银行、信用社等组织建立伙伴关系，拓宽金融服务渠道；美国加强社区银行、金融超市、邮局等机构的合作，增加金融服务的可获得性。

第四，小额信贷是解决金融排斥难题的重要途径。小额信贷是一种以低收入人群为服务对象的小规模的金融服务方式，以其自身优势在满足不同群体的信贷需求方面具有得天独厚的优势，因此各国在破解金融排斥中纷纷发展小额信贷。例如：孟加拉国的格莱珉银行就是主要发放小额信贷的银行，并且得到了可持续发展，基本上解决了该国的农村金融排斥问题；澳大利亚联邦和各州政府联合澳大利亚国民银行等金融机构及其他社区组织，开始推广的小额信贷计划。小额信贷只是帮助受金融排斥人群获得金融服务的方式，在更深层次上，提供小额信贷的银行还为获得贷款的人群提供咨询、培训等服务，帮助他们提高收入水平，为从根本上破解金融排斥难题打下了基础。

第五，立法是破解金融排斥难题的根本保障。金融排斥难题的破解是一项长期的、艰巨的任务，一时解决不代表永远解决，因此只有对破解金融排斥难题的措施进行立法，才能创造破解金融排斥的大环境，从根本上保障金融排斥难题的持久解决。美国的《社区再投资法》就是立法保障金融排斥破解措施的一个具体案例，《社区再投资法》对于保障中低收入地区和借款人的信贷需求的满足具有重要作用和意义。

二　国外破解金融排斥的经验对我国的启示

通过以上的分析可以看出，国外破解金融排斥主要采取了提高被排斥者的收入水平、创新金融产品和服务、发展小额信贷、加强相关立法工作等措施，这些措施对于我国破解金融排斥难题具有一定的借鉴意义。但值得指出的是，本书分析的四个国家中，美国、英国、澳大利亚是高度发达的资本主义国家，在破解金融排斥中，资本主义机制发挥了重要作用，而孟加拉国是一个发展中国家，而且是一个比较典型的宗教国家，全国88%的人口都信仰伊斯兰教，因此宗教因素在其采取相应措施破解金融排斥中发挥了重要的作用。因此，四个国家在破解金融排斥中所采取的约束机制与我国的国情是不符的，我国在借鉴这些国家破解金融排斥的经验时必须与我国的实际国情相结合，采取适合我国实际国情的政策措施。

从总体看，国外的经验对于我国采取措施破解农村金融排斥的启示可以分为以下几点：第一，进一步提高农村居民和农村企业的收入水平，增强他们获取金融产品和服务的能力；第二，发展适合我国实际国情的小额信贷，虽然我国的小额信贷已经发展了很多年，但总体来看，成功的不多，如果从我国的实际国情出发发展具有中国特色的、可持续发展的小额信贷产品，值得进一步研究和探索；第三，创造适合我国农户和农村中小企业需要的金融产品和服务，满足不同农户和农村中小企业的金融需求；第四，建立健全中国特色的农村金融法律体系，为我国破解农村地区金融排斥难题保驾护航。

第六节　本章小结

本章选择美国、英国、澳大利亚、孟加拉国等国家，对国外破解金融排斥的政策措施进行了分析与探讨。研究发现，这些国家的金融排斥程度都是较为严重的，同时这些国家也为破解金融排斥难题采取了行之有效的措施，其金融排斥程度也得到了一定程度的缓解。总体来看，这些国家破解金融排斥的措施主要分为以下几点：提高被金融排斥者的收入水平是破解金融排斥的根本措施；国家高度重视金融排斥难题，政府支持金融排斥难题的破解是破解金融排斥的重要保障；创新金融产品和服务是破解金融排斥难题的重要措施；小额信贷是破解金融排斥难题的重要途径；立法是破解金融排斥难题的根本保障。

国外破解金融排斥难题的措施对我国破解农村地区金融排斥具有一定的借鉴作用，但是美国、英国、澳大利亚是资本主义国家，孟加拉国是一个宗教国家，这些国家在采取措施破解金融排斥时所使用的约束机制与我国是有很大的不同的，因此我国要破解农村地区金融排斥难题，必须与实际国情相结合，采取具有中国特色的政策措施。

第七章　农村地区金融排斥的破解对策

　　党的十八大提出，到 2020 年要全面建成小康社会。在我国全面建成小康社会的大背景下，没有农村的小康社会就没有全面的小康社会，而农村小康社会的建设离不开农村金融的大力支持。但通过前几章的研究发现，我国农村地区金融排斥程度是较为严重的，且金融排斥对农村经济增长、农民收入增长、农户福利和农村金融机构都有不利影响，这些都是我国农村建成小康社会的重要障碍。因此，破解农村金融排斥难题，对于促进农村经济增长，增加农民收入，提高农民福利水平，促进农村金融机构的健康有序发展具有重要意义，是我国农村地区建成小康社会的支持动力。在当前我国农村金融排斥程度、影响因素、影响效应的具体背景下，如何有针对性地找到破解农村金融排斥的对策，是一个既需要不断探索又亟须尽快解决的现实问题。因此，本章拟对农村地区金融排斥的破解对策进行分析和探讨，提出破解农村金融排斥的目标、原则、思路和保障措施，为我国破解农村金融排斥难题提供参考和借鉴。

　　本章首先对破解农村金融排斥的目标、原则和思路进行分析，找出破解农村金融排斥难题所要达成的目标、所要遵循的原则和具体的操作思路，然后分析破解农村金融排斥的保障措施，提出从根本上破解农村金融排斥难题的保障措施。

第一节　破解农村地区金融排斥的目标、原则与思路

一　破解农村地区金融排斥的目标和原则

第六章对美国、英国、澳大利亚、孟加拉国等国家金融排斥程度及其破解金融排斥的主要措施进行了分析，并且对它们破解金融排斥的经验进行了总结，这些经验对于我国破解农村金融排斥难题具有一定的借鉴意义。但是，我国的国情状况与这些国家有很大不同，因此要破解我国的农村金融排斥难题必须结合我国的农村金融排斥的具体状况和具体国情，采取有针对性的措施，才能有效地提出破解农村金融排斥的具体措施。在提出破解农村金融排斥的具体措施时，必须首先确定破解农村地区金融排斥的目标和原则。

根据我国农村金融排斥的具体状况和我国的具体国情，我们在采取措施破解农村金融排斥时必须确定以下目标：必须在确保农村金融机构可持续发展的前提下，构建普惠型农村金融体系，提高农村金融产品和服务的可获得性和可使用度，全面提高农户、农村企业、农村集体获得和使用金融产品和服务的能力，促进农户、农村企业、农村集体的全面发展，为农村经济、社会、文化发展提供动力，为我国农村建成小康社会保驾护航。在确定了破解农村金融排斥的目标后，采取措施破解农村金融排斥时必须遵循以下几点原则：

第一，提高农户、农村企业、农村集体的收入水平，是破解农村金融排斥措施的根本方向。提高被金融排斥者的收入水平是破解金融排斥的根本措施，只有提高农户、农村企业、农村集体的收入水平才能从根本上促进农村金融排斥难题的解决。

第二，农村金融排斥的破解措施必须符合市场规律，促进措施的可持续执行。只有符合市场规律的农村金融排斥破解措施才有生命力，才能可持续执行。如果采取的措施违背市场规律，可能会给国家造成巨大负担，造成农村金融机构不能可持续运营，最终导致金融排斥状况的反复。

第三，采取措施破解农村金融排斥时，必须避免产生新的农村金融排斥问题。如果在采取的破解农村金融排斥的措施中加入过多的条件，可能会导致新的农村金融排斥问题的出现，使得措施只能使一部分人获益，而另一部分因不能满足相应条件而被排斥在服务范围之外。

第四，农村金融排斥的破解措施必须合法合规，防止出现不合法、不合规的措施。要破解农村金融排斥难题不能"病急乱投医"，盲目采取有关措施而出现不合法、不合规的状况，给农户、农村企业、农村集体及农村金融机构造成损失。

二　破解农村地区金融排斥的思路

要按照确定的破解农村地区金融排斥的原则，实现破解农村地区金融排斥难题的目标，必须采取一定的破解措施，在采取破解措施之前必须首选确定破解农村地区金融排斥的思路。根据我国的国情及农村金融排斥的具体情况，破解农村地区金融排斥的思路可以分为如下几点：

第一，发挥正规农村金融机构在破解农村金融排斥中的作用。正规农村金融机构作为我国农村金融体系的支柱，应该在破解农村金融排斥中发挥主力军的作用。正规农村金融机构调整发展战略，把向农村提供金融服务作为自身不可推卸的责任，在提高农村金融产品和服务的可获得度、可使用度和可负担度的同时，提高自身的可持续发展能力。只有正规农村金融机构在破解农村金融排斥中发挥主力军的作用，才能真正实现破解农村金融排斥的目的。

第二，发挥非正规农村金融在破解农村金融排斥中的辅助作用。非正规农村金融作为正规农村金融的有利补充，在破解农村金融排斥中可以起到一定的辅助作用。非正规农村金融相对于正规农村金融机构在信息、地缘、人缘等多方面都有一定优势，因此只要对非正规农村金融进行一定的管理与引导，就可以在一定程度上规避其风险并弥补其缺陷，使其在破解农村金融排斥中发挥一定作用。近年来，我国逐渐对非正规农村金融进行松绑，并加强对其的管理和引导，说明国家已经意识到非正规金融在农村金融体系中发挥的积极作用。

第三，进一步发挥新型农村金融机构在破解农村金融排斥中的作用。2006 年底，银监会对农村地区银行业金融机构准入政策做出调整，在四川、吉林等 6 省区试点村镇银行、贷款公司和农村资金互助社等新型农村金融机构，并在 2009 年将试点范围扩大到全国 31 个省市区。截至 2012 年 9 月末，全国已组建新型农村金融机构 858 家，其中村镇银行 799 家①。新型农村金融机构作为扎根农村、专门为"三农"服务的金融机构，并且作为新成立的金融机构，没有历史遗留问题，因此应该在破解农村金融排斥中发挥应有的作用，促进农村金融排斥的破解。

第四，破解农村金融排斥必须创新金融产品和服务。农村金融机构提供的金融产品和服务不能满足"三农"的需要是造成农村金融排斥的重要原因。因此要破解农村金融排斥必须进一步创新金融产品和服务。不论是正规农村金融机构还是非正规农村金融机构都应该在创新金融产品和服务方面下足功夫，创造真正适合"三农"需要的金融产品，满足"三农"

---

① 刘诗平、苏雪燕：《至 9 月末我国组建新型农村金融机构 858 家》，http://news. xinhuanet. com/2012 – 10/21/c_ 113443253. htm。

对金融产品和服务的不同需要。同时，国家要对金融机构创新金融产品和服务提供相应的支持和保障。

第五，将发展小额信贷作为破解农村金融排斥的重要措施。当前，我国农户的主要金融需求为贷款，同时也面临着严重的贷款排斥。小额信贷以其借贷方便、还贷灵活、利率较低等优势，是满足"三农"金融需求的重要途径。因此，要破解农村金融排斥必须大力发展小额信贷，并将其作为破解农村金融排斥的重要措施。小额信贷的发展应得到各个金融机构的重视。

第二节　破解农村地区金融排斥的保障措施

我国农村地区金融排斥程度较为严重，农村金融排斥的存在对农村经济增长、农民收入增长、国家粮食安全、农户福利和农村金融体系都有不同程度的不良影响，因此农村金融排斥问题应该引起国家的高度重视，并积极采取措施破解农村金融排斥。近年来，我国采取了一系列措施调整改革农村金融体系，提高农村金融产品和服务的可获得性，说明农村金融排斥问题已经在一定程度上引起了国家的重视。

根据我国的具体国情和农村地区金融排斥的具体情况，结合国外破解金融排斥的经验，本书确定了破解农村地区金融排斥的目标、原则和思路。但这些还远远不能达到破解农村金融排斥的目的，要破解农村金融排斥难题必须采取一系列保障措施，才能在一定程度上确保农村金融排斥的有效破解。根据本书的研究，确定以下几点破解农村地区金融排斥的保障措施：

一　通过增加农民收入提高农户获取金融产品和服务的能力

新中国成立以来，特别是改革开放以来，我国农民的收入水平有了明显的提高，农村人均纯收入从 1978 年的 133.6 元增长到 2011 年的 6977.29 元，而同期城镇居民人均可支配收入由 343 元增长到 21810 元[①]。因此，虽然农村居民人均纯收入在总体上有了大幅度的提高，但近年来农村经济增长有所放缓，城乡居民收入差距逐步拉大已经成为我国必须重视的问题，也是制约我国农村经济社会发展的重要因素。

从本书的分析来看，农村居民的收入水平是引起农村金融排斥的重要因素，同时农村金融排斥也会对农民的收入水平造成一定的影响。因此，农民收入水平低既是农村金融排斥的原因也是其后果，在这种情况下，就会形成"农民收入水平低—农村金融排斥—农民收入水平低—农村金融排斥"的恶性循环，所以要破解农村金融排斥，必须促进农民收入增长。

农民收入水平过低，会使农户的信用水平、风险承受能力等方面达不到农村金融机构的要求，而无法获得相应的金融产品和服务。农民的收入水平过低还会使金融机构在营销金融产品和服务时，把收入过低的农户直接排除在营销范围之外，这就直接造成了农村金融排斥问题。同时，农民的收入水平较低也会造成农村经济发展缓慢，农村的信息化水平滞后，城市化进程受阻，这些因素也会对农村金融排斥的程度产生影响。因此，农民收入过低是造成农村金融排斥的根本原因，千方百计增加农民收入是破解农村金融排斥的根本出路。现阶段，要增加农民收入需要做到以下几点：

（一）调整农业结构促进农民增收

20 世纪 90 年代以来，我国农业进入了一个崭新的发展阶段，主要农产品的供求关系由长期短缺变为总量大体平衡、丰年有余，现阶段我国农产品供求的主要矛盾也从供给总量不足

---

① 数据来源于 2012 年《中国统计年鉴》。

的数量问题转变为供求之间因品种和品质不适宜而形成的结构问题，因此进一步加快农业结构调整是提高农业经济效益、增加农民收入的根本途径（侯丽薇等，2010）。

调整和优化农业结构，需要根据区域自然资源、市场供求和相关产业的发展，调整农、林、牧、副、渔业的发展，并努力使各个产业之间协调发展。粮食生产是关系国家安全的重要战略性产业，因此调整农业结构必须首先抓好粮食生产，必须坚持立足国内实现粮食基本自给的方针，保证粮食供求的总量平衡。在保证国内粮食供给的前提下，改善粮食品种结构，改革粮食种植制度，加大良种的培育和更新，促进农机具在粮食生产中的应用，节约粮食生产成本，发展以粮食为主要原料的加工业，加大对种粮农民的补贴力度，提高种粮农民的收入水平。

在保证粮食生产的同时，调整农业结构要大力发展特色农业。我国地域范围广，各地自然环境差别较大，这就为发挥地区比较优势、发展特色农业提供了有利条件。特色农业因为与地域特色结合在一起，原产地特色比较明显，在市场上的竞争力较高，因此特色农业应该成为地区增加农民收入的重要手段。发展特色农业要进行科学规划，明确政策支持，设立相关标准，培育优良品种，加大对其深加工力度，注册特有品牌，扩大市场营销，发展相关旅游产业，使特色农业成为地区经济发展的重要支柱。

畜牧业的发展是提高农业综合生产能力的重要前提，因此调整农业结构还需要大力发展畜牧业，发挥畜牧业在增加农民收入中的作用。发展畜牧业要改善生产方式，改良牲畜品种，提高养殖技术，加大防疫力度，促进畜牧业向规模化和集约化发展。

（二）发展农村二、三产业促进农民增收

农业是弱质产业，相比第二、三产业，农业风险较大，收益较小，因此要促进农民收入增长，需要发展农村的二、三产业，使二、三产业成为提高农民收入的重要渠道。改革开放以来，我国农村的第二、三产业已经有了相当的发展，但相对于城市中的二、三产业，农村的二、三产业的发展还是落后的，因此要促进农民增收需要千方百计发展农村二、三产业。

农业产业化发展是农村二、三产业发展的重要表现，因此要促进农民增收，必须大力支持农业产业化的发展。发展农业产业化必须做大做强龙头企业，按照市场机制，引导龙头企业的发展，促进龙头企业的横向和纵向的发展，大力发展"公司＋农户"的生产模式和订单农业，使龙头企业成为农产品深加工和吸引农村剩余劳动力就业的重要基地，促进农村经济发展和农民收入增长。发展多种形式的新型农民合作组织，促进农户的集约化经营，提高合作组织农民生产经营过程中的作用，规避经营风险，获取相关信息，加大与市场的对接力度。

发展农村二、三产业需要加大对乡镇企业的改革和调整。改革开放后，乡镇企业如雨后春笋，异军突起，逐渐发展壮大，吸引了大量的农村剩余劳动力，是农村经济发展的重要动力，是农民收入提高的重要来源。但有些乡镇企业由于不能适应激烈的市场竞争，在产业升级和技术进步的过程中逐步落后，发展也陷入了困境，这是许多乡镇企业破产消亡的重要原因。要促进乡镇企业的改革和调整，要求乡镇企业要适应市场的竞争，调整发展战略和发展模式，促进技术进步和产业升级，发展具有地域特色的产业，注重产品的更新、升级和换代，建立科学的现代企业制度。

促进农村现代服务业的发展，使服务业成为农民收入增长的重要来源。大力发展小城镇，引导农民进入小城镇，促进城镇服务业的发展，通过小城镇经济的发展带动农民收入增长。

与此同时，有条件的农村地区要大力发展农村旅游业，促进区域农民收入的增长，农村旅游业的发展要注重品牌建设，提高服务质量，发展特色旅游项目，加大宣传力度。

二　创新农村金融产品和服务

农村地区金融排斥的存在，在很大程度上是因为金融机构提供的金融产品和服务不适合农村金融需求者的需求，因此要破解农村金融排斥，需要创新金融产品和服务，创造符合我国国情的、满足当前我国农户和农村中小企业具体需要的金融产品和服务，提高金融产品和服务的可获得性和可使用性。

当前我国的农户和农村中小企业的收入水平较低，经营规模较小，可以利用的抵押品和质押品较少，也没有形成完善的信用评估体系，因此创新金融产品和服务，必须与农户和农村中小企业的实际相结合，大力发展适用于他们具体情况的金融产品和服务。例如：应多发展信用贷款，减少贷款过程中对农户和农村中小企业的抵押和质押的要求；发展农业保险，保障农户遭受农业相关风险时的收益，满足农户对农业保险的需求；发展农产品期货，实现农业生产与农产品期货市场的有效对接，减少农户收入的不确定性，满足农户对期货产品的需求。

农村金融产品和服务的创新，不但要求具体形式的创新，在产品的营销、使用条件等方面也需要创新，创造真正适合农村金融需求者需求的金融产品和服务。如金融机构要在贷款的营销方面，创造出适合农村需要的贷款产品，并把营销的目标定位为农村金融需求者，同时农户在使用该产品时所要求达到的条件也要适当放宽。

三　加大对农村金融机构的支持力度

农村金融产品和服务具有一定的公共产品的性质，风险较高，而收益却较低，这就使得金融机构提供金融产品和服务的积极性不高。农村金融机构作为提供农村金融产品和服务的主力军，要调动农村金融机构提供金融产品和服务的积极性，必须加强对农村金融机构的支持。

（一）政府要对农村金融机构提供一定的补贴

农村金融机构在提供金融产品和服务的过程中，政府要对其提供一定的补贴，以调动农村金融机构提供金融产品和服务的积极性。与其他金融产品和服务相比，农村金融产品和服务的收益较低，风险却较高，加之农村金融产品和服务又具有一定的公共产品的性质，这使政府为提供农村金融产品和服务的金融机构提供一定的补贴有了一定的必要性。

各级政府应设立专项资金为提供农村金融产品和服务的金融机构提供一定的补贴，使其在提供农村金融产品和服务的过程中能够获得同提供其他金融产品和服务相同的利润水平。在提供补贴的过程中，政府应设立专门的账户，设定一定的补贴标准，并根据金融机构提供农村金融产品和服务的情况，进行实时的补贴，以此通过杠杆效应，用较少的资金撬动金融机构大量的资金投入农村地区。举一个简单的例子，如果政府设定对农村金融产品和服务的补贴标准为5%，政府可以通过1000万元的资金投入撬动2亿元的资金投向农村地区，这可以大大提高农村地区金融产品和服务的供给量，而且在农户信用水平逐渐提高的情况下，政府的补贴标准可以逐步降低，这就为撬动更多的资金提供了可能。

（二）发展农村金融产品和服务的担保机构

在当前形势下，我国农户和农村中小企业获取金融产品和服务的过程中遇到困难的一个重要原因，就是缺少抵押品和质押品。特别是贷款产品，由于缺乏抵押和质押品，而信用贷款可以提供的贷款数额较小，联保贷款可以提供的贷款又存在种种限制，这就使得贷款产品在农村地区还是相对缺乏的。在短期内不可能迅速增加农户的抵押品和质押品的情况下，发展农村金融产品和服务的担保机构就显得十分必要。

政府应发展农村金融产品和服务的担保机构，设立专项担保基金，为农村金融需求者在使用金融产品和服务的过程中提供担保，如果农户或农村中小企业在使用金融产品和服务的过程中出现违约的情况，担保机构直接从担保基金中向金融机构进行赔付。农户和农村中小企业在使用担保机构时，需要向担保机构提供一定的担保费用，以此推动担保机构的可持续发展。同时，担保机构可以就所提供担保的金融产品和服务向保险机构进行投保，当遇到相关损失时，可以从保险机构获得相应的赔偿，进一步促进担保机构的可持续发展。同时，创新农村金融的抵押、质押和担保方式，允许使用土地使用权进行抵押、开发权益质押等新型农村金融担保方式；加强对互助担保公司的支持，维护其合法权益，提供资金支持，确保其顺利运行。

四　发展小额信贷破解农村金融排斥

自穆罕默德·尤努斯从 1976 年开始向穷人发放小额贷款，并逐步发展成为格莱珉银行以来，小额信贷作为一种向农户提供金融服务，帮助其脱离贫困的一种方式得到世界各国的普遍认可。穆罕默德·尤努斯和格莱珉银行也因此获得了 2006 年的诺贝尔和平奖。20 世纪 90 年代，小额信贷作为一种扶贫方式引入中国，小额信贷在中国得到了一定发展，但还没有出现完全独立运行的、规模比较大的、财务上可持续的小额信贷机构（刘西川，2006）。

现阶段要破解我国的农村金融排斥，需要大力发展小额信贷。小额信贷之所以能够成为破解农村金融排斥的重要工具，是由其自身优势决定的。一般来看，小额信贷是为一个地区的低收入家庭或居民提供小额度的、持续性的金融产品和服务，这些金融产品不仅包括发放小额贷款，还包括提供储蓄、保险等其他产品，甚至还包括某些信息咨询、技术培训等服务（李猛，2007）。小额信贷相较于其他金融产品和服务，可以解决信息不对称问题，由于小额信贷多数是区域性的，在地缘、人缘等方面具有巨大的优势，借贷双方彼此都比较了解，借贷双方违约的成本也较高，借款方能够对贷款方进行良好的监督，这就有效避免了逆向选择和道德风险的发生，有利于增加金融产品和服务的可获得度和可使用度，满足农村金融需求者的金融需求。另外，小额信贷数额较小，操作灵活，利率较低，还款方式多样，风险较小，这对于解决农村地区金融排斥问题也具有一定优势。当前阶段，要促进我国小额信贷的发展，使其成为破解农村金融排斥的重要制度安排，需要采取以下几点对策来促进我国小额信贷的可持续发展。

第一，加大对农村小额信贷的支持，规范引导其健康发展。国家应对小额信贷高度重视，将其作为我国农村金融体系的重要组成部分，加大对其支持力度，在资金、税收、监管等多方面提供相应支持。制定相应法律法规，明晰小额信贷的法律地位，规范其经营行为，维护合法权益，引导小额信贷积极向农村低收入群体提供金融服务，并对其进行有效监管，规范引导其健康有序运行。

第二，创新小额信贷的金融产品和服务，满足不同农村金融需求者的金融需求。小额信贷的金融产品和服务应根据区域自然环境、经济、社会、文化发展状况，创造出有针对性的金融产品和服务，满足不同地区的农村金融需求者的金融需求。针对种植业、养殖业、畜牧业、农产品加工业、建房、子女上学、治疗疾病、购买大型机械等农村金融中常见的金融需求，创造出不同的、有针对性的金融产品和服务，灵活的贷款方式，多样还款途径，并搭配不同还贷期限。

第三，提高小额信贷的可持续经营能力。要使小额信贷成为破解农村金融排斥的重要工具，必须提高小额信贷的可持续经营能力，因为小额信贷不可能仅仅依靠国家支持、社会捐助进行经营。要提高小额信贷的可持续经营能力，必须使其在保障农村小额信贷供给的前提下，实现财务上的可持续性，这就需要创新小额信贷管理方式和模式，改革产权形式，逐步实现商业化运作，并加强对小额信贷机构员工的激励和培训，创新金融产品和服务，走出一条扶贫并略有盈利的新型经营道路。

第四，建立健全小额信贷的风险分散机制。引导小额信贷与农业保险相结合，通过保险分散小额信贷风险。建立小额信贷风险补偿机制，如遇重大自然灾害和不可抗因素对小额信贷造成一定损失的，国家应给予小额信贷一定的补偿，降低小额信贷的经营风险。加大对贷款的贷前审查和贷后监督，加强对贷款户的信息支持和技术指导，充分降低违约风险。

第五，引导多种金融机构经营小额信贷。小额信贷的发展仅仅靠小额贷款公司是不够的，必须引导中国农业银行、农村信用社、中国邮政储蓄银行、村镇银行等多种金融机构发展小额信贷，加强对这些金融机构发展小额信贷的支持，并引入竞争机制，促进小额信贷的良性发展。

第六，加强对小额信贷的宣传，增强农村金融需求者的信用意识。受传统思想影响，我国农户对借贷往往都有抵触心理，要促进小额信贷的发展，必须加大对小额信贷的宣传力度，使小额信贷成为满足农村金融需求者的重要途径。同时，加强对农村金融需求者的信用意识的培养，引导其维护自身的信用水平，提高违约成本，减少违约现象的发生。

五　调整与重构农村金融体系

经过一系列改革和调整，我国逐步建立起了以中国农业银行、中国农业发展银行、农村信用社为主导的商业性、政策性、合作性相结合的正规农村金融体系，且中国邮政储蓄银行、新型农村金融机构在正规农村金融体系中的作用也越来越重要。这样一个农村金融体系看起来很完备，但是存在很多问题：中国农业银行在进行股份制改革的过程中，逐步压缩在农村的分支机构，大量的村镇分支机构被撤并，使其在农村的业务逐渐萎缩；中国农业发展银行的业务并不直接面向农户，也不吸收农户存款，现在的业务基本为向"粮棉油"收购加工部门提供贷款，因此逐步转变为"粮棉油银行"，对农户的支持力度很小；农村信用社在现阶段是我国农村金融的主力军，很多的农村金融业务都由其负责和承担，但由于历史遗留问题，负债多，不良贷款多，经营机制不合理，其发展过程中还存在很多困难；中国邮政储蓄银行虽然现在已经开始经营贷款业务，但规模较小，基本上还在起着"抽水机"的作用，把大量的农村资金转移到城市；新型农村金融机构由于刚刚成立，只能在区域内发挥作用，且业务量较小，承担风险的能力较弱，其在农村金融体系中发挥的作用较小。与此同时，我国还存在着巨大的非正规农村金融，如农村地下钱庄、高利贷、合会、亲朋好友借贷等，非正规农村金融在我国农村经济发展和农民收入增加中发挥了巨大的作用，但非正规农村金融由于缺少必要的监管和引导，也存在很多问题，如风险较大，利率较高，给使用者带来的负担较重，对农村经济的健康发展具有一定的不利影响。

农村金融机构是农村金融服务的提供者，是农村金融排斥形成中的重要一环。农村金融机构存在很多问题，必然引起农村金融产品和服务的供给不能满足农村金融需求，从而造成农村地区的金融排斥现象。因此，要破解农村金融排斥，必须对我国的农村金融机构进行调整和重构。只有调整和重构我国的农村金融体系，才能进一步增加农村金融服务的供给量，提高农村金融产品和服务的深度、可得度、可使用度和可负担度，从而达到破解农村金融排斥的目的。从当前我国的国情出发，要调整和重构农村金融体系需要做到以下几点：

（一）正规农村金融机构的调整与改革

1. 中国农业银行的调整与改革

中国农业银行作为国有大型商业银行，成功股改上市后，资金充足，社会信誉高，应该在支持"三农"中发挥主力作用。但是由于在农村金融市场上提供服务的成本较高、风险较大，中国农业银行在近年来撤销了大量的农村分支机构。要发挥中国农业银行在我国农村金融体系中的作用，必须使农业银行调整发展战略，在商业化运作的基础上，充分发挥服务"三农"的作用，要发挥其作用必须做到以下几点：

第一，要转变发展战略，在市场化运作的基础上，坚持为"三农"服务的定位，加强与"三农"的联系，为"三农"提供相应服务。

第二，要创新金融产品与服务，创造适合"三农"的产品和服务，并在服务的过程中增加灵活性，简化业务流程，满足"三农"的不同金融需求。

第三，提高运作效率，在保证为"三农"服务及自身的盈利要求的前提下，提高运作效率，继续对经营网点和内部机构进行调整和优化，努力成为运作流畅、管理高效的银行。

第四，加强对风险的管理，在控制风险的前提下，发挥支持"三农"发展的作用，严格按照风险管理规定，防范信贷风险，实现可持续发展。

第五，积极发展城市金融业务，提高城市金融业务的盈利能力，并通过城市金融业务的利润加强对农村金融业务的支持。

第六，加强与其他金融机构的合作，创新合作形式，并通过合作加强对"三农"的支持。

2. 中国农业发展银行的调整与改革

政策性银行在世界各国的农村金融体系中都发挥着重要作用，中国农业发展银行作为我国唯一的国有政策性银行，在农村金融市场上的作用是无可替代的。但当前中国农业发展银行的功能还比较单一，基本上是我国的"粮棉油银行"，在我国农村经济改革的重要时期，要加强对中国农业发展银行的调整与改革，充分发挥其政策性银行的作用，需要做到以下几点：

第一，进一步扩大业务范围，在现有支持"粮棉油"业务的基础上，试验拓展新的业务领域，加强对"三农"其他领域的支持。

第二，创新金融产品和服务，积极探索与国有政策性银行相匹配的金融产品和服务，为国家亟须发展的"三农"领域提供金融支持，探索直接面向农户的金融产品和服务，拓宽农户获取金融产品和服务的渠道。

第三，要拓展融资渠道，增强经营的可持续性，在国家增加财政支持的同时，积极通过发行债券等方式，完善融资渠道，完善资金运作机制，促进可持续经营。

第四，完善银行运作方式，提高决策的正确性，依托现代企业制度，完善公司治理结构，提高银行管理经营效率。

第五，完善风险管理机制，加强内控机制建设，提高信贷风险管理水平。

第六，加强监督机制建设，规范政策性业务的经营行为，加强对业务的管理与监督，创造良好的经营管理环境。

3. 农村信用社的调整与改革

合作性农村金融机构以农村信用社为主导，有些地区的农村信用社已经发展成为农村合作银行、农村商业银行等形式，是提供农村金融服务的主力军，很大一部分农村金融产品和服务，特别是面向农户的金融产品和服务，基本上都是由农村信用社提供的。现阶段，要提高农村信用社在农村金融体系中的作用，充分发挥支持"三农"发展的作用，需要对农村信用社做以下几点调整与改革：

第一，进一步突出信用社合作性金融机构的性质，完善合作金融制度，把农村信用社建设成为真正的合作性金融机构。

第二，积极鼓励有条件的农村信用社通过改革发展成为农村合作银行、农村商业银行等农村社区性金融机构，并通过社区性金融机构增加区域农村金融服务的有效供给。

第三，转变经营方式，提高经营管理效率，明确产权制度，努力剥离不良资产和历史包袱，拓宽融资渠道，加强对风险的管理，提高可持续发展的能力。

第四，明确"三农"服务定位，创新金融产品和服务，向"三农"提供全面、安全、高效的金融产品和服务。

第五，加强与农村合作、互助组织的合作，依托农村合作、互助组织拓展业务，增强服务的可得性和可使用度。

4. 中国邮政储蓄银行的调整与改革

中国邮政储蓄银行是我国分支机构最多的银行，理应在农村金融体系中发挥重要作用，但大部分邮政储蓄银行在农村金融体系中发挥的是"抽水机"的作用，即吸收大部分农村资金并将其转移到城市中，因此邮政储蓄银行在我国农村金融体系中的作用并没有得到很好的发挥。要进一步发挥邮政储蓄银行的作用，需要对中国邮政储蓄银行做以下几点调整与改革：

第一，建立健全邮政储蓄资金的回流制度，引导邮政储蓄资金流向农村，并为"三农"提供服务。

第二，进一步拓宽邮政储蓄银行的经营范围，促进业务创新，扩大邮政储蓄资金的自主运用范围，并扩大涉农业务的范围，使其成为真正为"三农"服务的银行。

第三，建立健全现代银行经营管理制度，依照现代银行的经营管理要求，健全法人治理结构，完善内控制度。

第四，加强风险监管，提高监管的有效性，促进可持续发展。

5. 新型农村金融机构的调整与改革

村镇银行、农村资金互助社、小额贷款公司等金融机构，作为国家进一步完善农村金融体系，提高农村金融服务可获得性，而支持发展的新型农村金融机构，具有一定的后发优势，但总体来看，这些金融机构在我国农村金融体系中发挥的作用还是非常有限的。要进一步发挥其支持"三农"的作用，需要对新型农村金融机构做以下几点调整与改革：

第一，进一步规范新型农村金融机构的经营、管理和监管，完善准入制度，提高其经营的规范性。

第二，创新金融产品和服务，积极创造适合"三农"需求的金融产品和服务，千方百计满足"三农"的金融需求。

第三，加强对人才的培养，建立人才引进机制，注重对员工的培养和培训，提高员工素质，增强员工的服务意识，依托优秀人才创建优质金融机构。

第四，拓宽融资渠道，健全融资机制，保障资金供给，促进新型农村金融机构的可持续经营。

第五，加强对风险的管理，注重信贷风险分析，加强信贷风险管理。

第六，加强区域联系，以促进当地农村经济发展、农民收入增长为自身责任，提高其在当地农村金融体系中的作用。

（二）非正规农村金融的调整与改革

非正规农村金融是我国农村金融体系的重要组成部分。虽然非正规农村金融在很长时间里并没有得到法律的承认，但其发展却从来没有停滞，其在我国农村金融体系中，特别是在缓解资金供求矛盾中发挥了重要作用。由于发展的不规范，管理制度的不完善，非正规农村金融在发展过程中，也存在很多问题与缺陷。虽然其存在问题与缺陷，但其长期存在与不断发展说明其存在有一定的必然性并拥有强大的生命力。现阶段，要发挥非正规农村金融在我国农村金融体系中的作用，需要对其做以下几点调整与改革：

第一，进一步加快非正规农村金融的正规化进程，促进非正规农村金融向正规化发展。

第二，加强对非正规农村金融的管理和引导，增强政府对其的宏观调控，加大对其的监管力度，引导其走向规范化发展路径。

第三，支持非正规农村金融，加强对风险的管理，引导其规避风险，合理发展。

第四，引导非正规金融科学厘定产品利率，促进利率的市场化形成机制。

第五，引导非正规农村金融与正规农村金融的交流与合作，发挥非正规农村金融的优势，促进农村金融产品和服务的可获得性和可使用度，健全农村金融体系。

第六，对于恶性发展、影响恶劣、损害农民利益的非正规农村金融要坚决取缔，保障农户的合法权益。

六　优化农村金融的运行环境

促进农村金融体系的调整与重构，以达到破解农村金融排斥的目的，除需要对正规农村金融机构和非正规农村金融进行调整与改革外，还需要进一步优化农村金融体系的运行环境。创造有利于农村金融体系运行的良好环境，对于进一步促进正规农村金融机构和非正规农村金融的调整与改革，提高农村金融服务的可获得性和可使用度，进一步破解农村金融排斥，发挥农村金融在促进农村经济增长和提高农民收入中的作用，对促进我国全面小康社会的建成具有重要的现实意义。在当前形势下，要进一步优化我国农村金融体系的运行环境需要做到以下几点：

第一，建立完善的农村金融监管制度。完善的农村金融监管体系是农村金融健康运行的重要保障，要优化农村金融体系的运行环境必须进一步完善农村金融的监管制度。我国的金融监管体系主要由中国人民银行、中国银行监督管理委员会、中国证券监督管理委员会和中国保险监督管理委员会组成，这些机构几乎对我国所有的金融机构进行监督和管理，并对农村金融机构起主要的监管作用。但这些机构在监管过程中，独自监管较多，协调配合监管较少。考虑到农村金融的复杂性和多样性，金融监管机构在对农村金融机构进行监管时应加强配合和协调，避免监管的重复性，弥补监管的空白区域，建立完备的金融监管体系，确保农村金融的顺利运行。在监管过程中，要加强对农村金融的准入和退出的监管，保障农村金融机构和农村金融需求者的利益；加强对农村金融机构经营管理的监管，控制金融机构内部风险；创新监管手段和方法，适当减少现场检查，避免对金融机构的正常业务造成干扰；要提高监管的效率和有效性，加强对农村金融机构风险的监管，防范和化解金融风险。

第二，建立完善的农村信用体系。农村信用体系对于保障农村金融体系的顺利运行，稳定农村金融秩序，降低农村金融风险，维护农村金融机构和农村金融需求者的合法权益和正当利益具有重要的意义。当前，我国的农村信用体系建设还处于起步阶段，还很不健全，要为农村金融体系创建良好的运行环境，需要进一步健全农村地区的信用体系。农村信用体系的建立健全，需要建立健全个人征信系统，将农村金融需求者都纳入到征信系统中，并向金融机构提供查询服务。农村金融需求者在向金融机构提出金融需求时，金融机构对是否提供金融产品和服务可以充分依据个人征信系统做出决策，从而提高农村金融机构的运行效率，并提高农村金融需求者的金融需求的满足程度。培养农村企业和农户的信用意识，加强信用宣传和教育，提高失信成本，创造人人重视自身信用的社会环境，为农村金融体系的顺利运行提供充分的信用保障。

第三，建立健全农村金融法律体系，加强立法对农村金融体系顺利运行的保障。法律是农村金融体系顺利运行的重要保障，只有以法律对农村金融体系的框架、运行、监管等内容加以确认，才能确保农村金融体系运行过程中有法可依。当前，我国农村金融法律体系还极不健全，国家应考虑出台《农村金融法》，对农村金融进行立法，还可以出台《中国农业开发银行法》《农村信用社法》等专门法律，对农业开发银行、农村信用社等这些对农村金融发展具有重要意义的金融机构进行立法，规范其行为，明确其权利和义务，为其顺利运行提供保障。

七　破解农村金融排斥的优惠政策要向中西部地区倾斜

我国中西部农村地区金融排斥相对于东部地区来说较为严重，且中西部农村地区经济、社会、文化发展较为落后，因此在采取措施破解农村金融排斥时应首先向中西部地区倾斜，为中西部地区提供更多的政策优惠，在一定程度上促进中西部地区农村金融排斥的率先破解，促进中西部地区农村经济、社会、文化的发展。

具体而言，破解中西部农村地区金融排斥，应作为国家破解农村地区金融排斥的重中之重，国家的资金支持、税收优惠等措施应首先在中西部地区试点和落实；促进中西部地区农村金融担保机构的发展，使担保机构在中西部地区农村金融业务的开展中发挥重要的作用；农村金融机构在采取措施破解农村金融排斥时，应首先从中西部地区做起，调整和重构自身体系，促进金融产品和服务的创新。

第三节 本章小结

破解农村金融排斥难题，对于促进农村经济增长，增加农民收入，提高农民福利水平，促进农村金融体系的健康有序发展具有重要意义。在当前我国农村金融排斥程度、形成机理、影响效应的具体背景下，如何有针对性地找到农村金融排斥的破解对策，是一个既需要不断探索又亟须尽快解决的现实问题。本章在国外破解金融排斥的经验分析的基础上，确定了破解农村地区金融排斥的目标、原则、思路和保障措施，对农村地区金融排斥的破解对策进行了分析，为破解我国农村地区的金融排斥提出了相应政策建议。

在借鉴国外破解金融排斥经验的基础上，本章提出了破解农村地区金融排斥的目标、原则和思路。其中破解农村地区金融排斥的目标为：在采取措施破解农村金融排斥难题时，必须在确保农村金融机构可持续发展的前提下，构建普惠型农村金融体系，提高农村金融产品和服务的可获得性和可使用度，全面提高农户、农村企业、农村集体获得和使用金融产品和服务的能力，促进农户、农村企业、农村集体的全面发展，为农村经济、社会、文化发展提供动力，为我国农村建成小康社会保驾护航。根据确定的破解目标，本章提出了破解农村地区金融排斥时必须遵循提高农民收入、遵循市场规律、避免产生新的金融排斥问题、破解措施必须合法合规等原则。在农村金融排斥的破解目标和原则的基础上，本章进一步确定了破解农村地区金融排斥的思路，具体为：第一，发挥正规农村金融机构在破解农村金融排斥中的作用；第二，发挥非正规农村金融在破解农村金融排斥中的辅助作用；第三，进一步发挥新型农村金融机构在破解农村金融排斥中的作用；第四，破解农村金融排斥必须创新金融产品和服务；第五，将发展小额信贷作为破解农村金融排斥的重要措施。

基于破解农村地区金融排斥的目标、原则和思路，本章分析了破解农村地区金融排斥的保障措施。在保障措施中，第一，应增加农民收入，提高农户获取金融产品和服务的能力。农民收入增加是破解农村金融排斥的根本出路，要增加农民收入，需要调整农业机构，积极发展农村二、三产业。第二，要创新金融产品和服务，创造满足农村金融需求者真正需求的金融产品和服务。第三，要加强对农村金融机构的支持力度，为农村金融机构提供一定的补贴，发展农村金融产品和服务的担保机构，调动金融机构提供农村金融产品和服务的积极性。第四，破解农村金融排斥的保障措施应大力发展小额信贷，将小额信贷作为破解农村地区金融排斥的重要工具。促进小额信贷发展需要加大对农村小额信贷的支持，规范引导其健康发展；创新小额信贷的金融产品和服务，满足不同农村金融需求者的金融需求；提高小额信贷的可持续经营的能力；建立健全小额信贷的风险分散机制；引导多种金融机构经营小额信贷；加强对小额信贷的宣传，增强农村金融需求者的信用意识。第五，要调整和重构农村金融体系，加快对正规农村金融机构的调整与改革，进一步对非正规农村金融进行调整和改革。第六，要优化农村金融的运行环境，建立完善的农村金融监管制度，建立健全农村信用体系和农村金融法律体系。第七，支持破解农村金融排斥的优惠政策要向中西部地区倾斜，促进中西部地区农村金融排斥难题的率先破解。

第八章　研究结论与展望

　　金融是现代经济的核心，经济发展离不开金融的有力支持。农村金融是农村经济发展的重要支柱，农村经济发展需要农业信贷等农村金融的有力支持，农村金融发展对农村经济发展和农民收入增加具有重要的促进作用。金融排斥是世界各国面临的普遍难题，农村地区的金融排斥程度相比城镇地区更加严重。研究我国农村地区金融排斥问题，分析探讨我国农村金融排斥的程度、形成机理、影响效应和破解对策，对于我国创建普惠型农村金融体系，促进农村经济社会的发展具有重要的现实意义。

　　本书在分析国内外金融排斥的研究成果的基础上，分析界定了研究农村金融排斥问题的相关概念和基础理论，并构建了金融排斥指数，对我国农村地区金融排斥的省际程度和县域程度进行了测度，并通过调研数据基于农户视角对其受金融排斥的程度进行了分析；在农村地区金融排斥程度的测度的基础上分析了农村金融排斥的形成机理，并从省际差异、县域差异和农户的视角分析了金融排斥的影响因素；通过研究农村金融排斥对农村经济增长、农民收入增长、粮食安全、农户福利、农村金融机构等方面的影响，探讨了农村金融排斥的影响效应；在对农村地区金融排斥的程度、形成机理、影响效应的研究的基础上，借鉴国外破解农村金融排斥的经验，从破解的目标、原则、思路和保障措施等方面分析了农村地区金融排斥的破解对策。本章对以上各章的研究结论进行总结，并在此基础上提出研究展望。

第一节 研究结论

一 农村地区金融排斥的程度

本书通过对已有的金融排斥的理论和文献进行研究后发现，就目前所能获得和利用的数据和方法而言，很难利用常规的金融排斥的地理排斥、价格排斥、评估排斥、营销排斥、条件排斥和自我排斥六维标准对金融排斥进行较为科学的测度，因此本书从一个全新的角度构建了金融服务的深度、金融服务的可得度、金融服务的可使用度和金融服务的可负担度四个金融排斥的评价维度，并借鉴人类发展指数的测算方法构建了基于距离的金融排斥指数（IFE）测算公式。利用金融排斥指数测算公式与 2006—2010 年我国各省区农村金融的相关数据和 2010 年陕西省县域的相关数据，对农村金融排斥的省域程度和县域程度进行了测度。我国各省区农村金融排斥程度在 2006—2010 年间有加重的趋势，而且从总体上看，我国东部各省区农村金融排斥程度较低，中部地区次之，西部地区农村金融排斥程度最高。从县域金融排斥的程度来看，各县农村金融排斥程度是较为严重的，但各县农村金融排斥指数的测算值的差距不大，而且各县农村金融排斥指数测算值的平均数与基于省际数据对陕西省农村金融排斥指数的测算值基本一致。为分析农户受金融排斥的具体程度，本书依据对陕西省的 472 个农户的调研数据，分析与探讨了农户受贷款排斥与储蓄排斥的具体程度。研究发现，被调查的农户中有 62.5% 的农户受到了贷款排斥，有 30.51% 的农户受到了储蓄排斥，且农户受到贷款排斥的主要原因是得不到申请的全部贷款、贷款产品的利率过高、农户的自我排斥等，农户受到储蓄排斥的主要原因是自我排斥。

二 农村地区金融排斥的形成机理

为对农村地区金融排斥的形成机理进行分析，本书首先基于需求和供给两个维度以及农村金融排斥的传导路径对其进行了相应的理论分析，通过对各省区农村金融排斥程度、县域农村金融排斥程度以及农户受金融排斥的影响因素的分析，从宏观、中观和微观的角度对农村金融排斥的影响因素做了分析和探讨。研究发现，在构建的指标体系中，第一产业 GDP 占地区 GDP 的比重、农村居民人均纯收入、农村劳动力人口中文盲所占比重、民族地区虚拟变量、东部地区虚拟变量和西部地区虚拟变量六个指标对农村金融排斥的省际差异的影响显著；GDP 增长率、第一产业 GDP 增长率、第一产业 GDP 占地区 GDP 的比重、城镇居民人均可支配收入四个因素对农村金融排斥程度县域差异的影响通过了显著性检验，说明这四个因素对农村金融排斥程度县域差异具有显著的影响。在基于农户视角分析农村金融排斥的影响因素中发现，在本书确定的因素中，对农户受贷款排斥影响显著且稳健的因素有：户主的文化水平、农户家庭的年纯收入、务农收入占总收入的比重、家庭中是否有成员担任村干部或有亲戚朋友在当地金融机构工作。农户是否受到储蓄排斥受农户家庭的年纯收入、劳动力数量、是否拥有电脑、对金融机构是否信任、距最近金融机构的距离等因素的影响显著。通过以上分析可以看出，在宏观、中观和微观的不同方面，农村金融排斥的影响因素是不同的，因此在破解农村金融排斥时应根据政策作用的主体不同而采取不同的措施。

三 农村地区金融排斥的影响效应

分析和探讨农村金融排斥的影响效应，对于了解破解农村地区金融排斥的重要性，并试图找到破解农村金融排斥的路径具有重要的现实意义。因此，本书选择农村经济增长、农民收入增加、粮食安全、农户福利和农村金融机构发展等关系国家发展、稳定和安全的重要方面，研究农村地区金融排斥的存在对它们的影响效应。研究结果显示，农村金融排斥程度对农村经济增长有负向的影响，即农村金融排斥程度越低，则农村经济增长越快，而农村金融排斥程度越高，则农村经济增长越慢；在农村金融排斥对农民收入增加的影响效应中，省际农村金融排斥对农民收入增长的影响中，金融服务的深度维度、可得度维度和可负担度维度中的指标通过了显著性检验，县域农村金融排斥对农民收入增长的影响中，金融服务的深度维度、可使用度维度和可负担度维度通过了显著性检验，综合省际和县域农村金融排斥对农民收入增长的影响来看，本书确定的各个维度对农民收入增长都具有较为显著的影响，且基本都具有负向的影响；农村金融排斥对粮食安全的影响中，低收入地区农户的粮食生产受金融服务的深度维度和可得度维度的影响显著，中等收入地区农户的粮食生产受金融服务的深度维度、可得度维度和可使用度维度的影响显著，高收入地区农户的粮食生产受金融服务的可使用度维度和可得度维度的影响显著。本书运用农户家庭的收入和消费支出代表农户的福利水平，并以陕西省农村的 472 个农户的实地调研数据为基础，对贷款排斥和储蓄排斥对农户福利的影响进行了实证分析。回归结果显示，储蓄排斥对农户收入的负向影响显著，但贷款排斥对农户收入的影响没有通过显著性检验；贷款排斥对农户消费的影响通过了显著性检验，储蓄排斥对农户消费的影响也通过了显著性检验，且二者的系数都为负，说明贷款排斥和储蓄排斥对农户消费具有负向的影响。研究还发现，农村金融排斥虽然对正规金融机构有一定的积极影响，但会使得正规农村金融机构和农村金融需求主体之间形成"金融排斥—自我排斥—正规农村金融机构压缩农村金融服务的供给量—金融排斥加深"这样一个恶性循环，并可能使正规农村金融机构最终退出农村金融市场；农村金融排斥的存在对非正规农村金融的发展具有一定的促进作用。

四　农村地区金融排斥的破解对策

为研究农村地区金融排斥的破解对策，本书选择美国、英国、澳大利亚、孟加拉国等国家，对其破解金融排斥的经验进行了分析和总结，并为我国破解农村地区的金融排斥提供参考和借鉴。在借鉴国外破解金融排斥的基础上，本书提出了破解农村地区金融排斥的目标、原则和思路。其中破解农村地区金融排斥的目标为：在采取措施破解农村金融排斥难题时，必须在确保农村金融机构可持续发展的前提下，构建普惠型农村金融体系，提高农村金融产品和服务的可获得性和可使用度，全面提高农户、农村企业、农村集体获得和使用金融产品和服务的能力，促进农户、农村企业、农村集体的全面发展，为农村经济、社会、文化发展提供动力，为我国农村建成小康社会保驾护航。根据确定的破解目标，本书提出了破解农村地区金融排斥时必须遵循增加农民收入、遵循市场规律、避免产生新的金融排斥问题、破解措施必须合法合规等原则。在确定了破解农村金融排斥的目标和原则的基础上，本书确定了破解农村地区金融排斥的思路，具体可以分为：第一，发挥正规农村金融机构在破解农村金融排斥中的作用；第二，发挥非正规农村金融在破解农村金融排斥中的辅助作用；第三，进一步发挥新型农村金融机构在破解农村金融排斥中的作用；第四，破解农村金融排斥必须创新金融产品和服务；第五，将发展小额信贷作为破解农村金融排斥的重要措施。基于确定的破解农村金融排斥的目标、原则和思路，本书对破解农村地区金融排斥的保障措施进行了研究，研究发现破解农村地区金融排斥要采取的保障措施具体为：通过增加农民收入提高农户获取金融产品和服务的能力、创新农村金融产品和服务、加大对农村金融机构的支持力度、发展小额信贷破解农村金融排斥、调整与重构农村金融体系、优化农村金融的运行环境、破解农村金融排斥的优惠政策要向中西部地区倾斜等。

第二节　研究展望

金融排斥问题虽然自古以来就已经存在，但对其的研究还处于起步阶段，同时金融排斥是一个异常复杂的问题，其存在是由于经济、社会、文化、自然地理等多方面因素共同作用的结果。本书对农村地区的金融排斥进行了一定程度的系统研究，但这并不能解决农村地区金融排斥的所有问题。由于时间、精力和学术水平有限，本书还存在许多不足，如对于农村企业受金融排斥状况的分析较为薄弱，以金融机构为落脚点对农村地区金融排斥的研究较少，从保险、证券等金融产品的角度对农村金融排斥的研究较少，而这些问题又是研究农村地区金融排斥问题的重要内容，因此农村金融排斥问题值得专家学者们进一步的研究和探讨。因此，基于本书对农村地区金融排斥所做的研究，本书提出以下几点研究展望：

第一，对于金融排斥的测度是一个极其困难的问题，本书根据可以获得的数据并借鉴已有的文献和方法，构建了金融排斥指数。但由于相关数据的缺失，本书的金融排斥指数的评价指标为银行业金融产品的数据，并没有包含保险、证券、基金等其他金融产品的相关数据，这就使得金融排斥指数有一定的片面性。金融排斥指数的测算值得专家学者们对其做进一步的思考和研究，以开发出更加精确全面的测度方法。

第二，金融排斥问题的形成是多方面的原因共同作用的结果，现阶段，国内外专家学者们对金融排斥问题的研究多是从实证的角度对其程度、影响因素等方面进行分析和研究，而对其的规范分析却较少，鲜有文章对金融排斥问题进行深入的理论分析和说明。在未来的研究过程中，专家学者们应加强对金融排斥问题相关理论的分析，从更深的层次对金融排斥问题进行分析和说明。

第三，破解金融排斥难题的一个重要目标就是建立普惠型金融体系，但目前关于普惠型金融体系的研究较少，而普惠型金融体系的建立和健全是一个特别复杂的问题。就我国经济社会发展的形势来看，建立一个普惠型的金融体系还有很长的路要走，还有许多问题亟待解决。因此，专家学者们应加强对普惠型金融体系的研究，分析其建立健全的目标、思路、路径和政策等一系列问题，为进一步破解金融排斥，建立普惠型金融体系提供参考和借鉴。

第四，农村地区金融排斥与城镇地区金融排斥之间具有千丝万缕的联系，二者在一定程度上是一个整体。因此，农村地区金融排斥和城镇地区金融排斥的关系到底是怎样的，二者在程度、形成机理、破解对策等问题上有什么联系和不同，如何促进农村金融排斥和城镇金融排斥的协调解决，也是值得专家学者们进一步研究和探讨的问题。

参考文献

安翔:《我国农村金融发展与农村经济增长的相关分析——基于帕加诺模型的实证检验》,《经济问题》2005年第10期。

陈坚、李天柱、曹海涛:《格莱珉模式与中国村镇银行的发展之路》,《西安石油大学学报》(社会科学版)2008年第1期。

邓莉、冉光和:《重庆农村金融发展与农村经济增长的灰色关联分析》,《中国农村经济》2005年第8期。

高沛星、王修华:《我国农村金融排斥的区域差异与影响因素——基于省际面板数据的实证分析》,《农业技术经济》2011年第4期。

郭荣升:《抗战时期中之陕西省银行》,《经济汇刊》1942年第10期。

郭卫东、穆月英:《我国水利投资对粮食生产的影响研究》,《经济问题探索》2012年第4期。

何德旭、饶明:《金融排斥性与我国农村金融市场供求失衡》,《湖北经济学院学报》2008年第9期。

何广文:《中国农村金融供求特征及均衡供求路径选择》,《中国农村经济》2001年第10期。

何满喜:《基于灰色关联度的粮食生产影响因素研究》,《农业经济》2011 年第 2 期。

侯丽薇、谢赤、傅泽田：《对农业结构调整的思考》，《光明日报》2010 年 7 月 27 日第 11 版。

胡宗义、袁亮、刘亦文：《中国农村金融排斥的省际差异及其影响因素》，《山西财经大学学报》2012 年第 8 期。

黄光伟：《建设新农村背景下的农村金融问题研究》，博士学位论文，西南财经大学，2008 年。

贾立、王红明：《西部地区农村金融发展与农民收入增长关系的实证分析》，《农业技术经济》2010 年第 10 期。

江美芳、朱冬梅：《农村金融发展对农村经济增长的影响——基于江苏省数据的实证分析》，《经济问题》2011 年第 12 期。

焦瑾璞、陈瑾：《建设中国普惠金融体系——提供全面享受现代金融服务的机会和途径》，中国金融出版社 2009 年版。

金雪军、田霖：《金融地理学：国外地理学科研究新动向》，《经济地理》2004 年第 6 期。

金雪军、田霖：《金融地理学视角下区域金融成长差异的案例研究》，《河南师范大学学报》2004 年第 2 期。

金雪军、田霖：《我国区域金融成长差异的态势：1978—2003 年》，《经济理论与经济管理》2004 年第 8 期。

李春霄、贾金荣：《金融排斥、收入差异与粮食安全》，《经济与管理研究》2012 年第 12 期。

李春霄、贾金荣：《农村金融发展与经济增长关系研究——基于协整检验和误差修正模型的实证分析》，《广东商学院学报》2012 年第 6 期。

李春霄、贾金荣：《我国金融排斥程度研究——基于金融排斥指数的构建与测算》，《当代经济科学》2012 年第 2 期。

李春霄、贾金荣：《基于农户视角的金融排斥影响因素研究》，

《现代财经》2013 年第 4 期。

李军：《中国农村金融"三元结构"制度研究》，博士学位论文，辽宁大学，2008 年。

李猛：《小额信贷的经济学原理》，《贵州社会科学》2007 年第 7 期。

李庆海、李锐、汪三贵：《农户信贷配给及其福利损失——基于面板数据的分析》，《数量经济技术经济研究》2012 年第 8 期。

李锐、朱喜：《农户金融抑制及其福利损失的计量分析》，《经济研究》2007 年第 2 期。

李涛、王志芳、王海港、谭松涛：《中国城市居民的金融受排斥状况研究》，《经济研究》2010 年第 7 期。

李小建、周雄飞、卫春江、孔云峰：《发展中地区银行业系统变化：以河南省为例》，《地理学报》2006 年第 4 期。

梁邦海：《我国农村金融市场及其效率研究》，博士学位论文，西北农林科技大学，2009 年。

林荣、侯哲庵：《中国农业金融论》，《金融知识》1931 年第 5 期。

刘军荣：《银行对"边缘借款人"金融排斥的理论分析》，《求索》2007 年第 11 期。

刘俊杰、王海洋：《农村区域金融发展：影响因素与政策选择》，《开发研究》2009 年第 6 期。

刘同山：《区域金融发展影响因素的空间面板计量分析》，《金融与经济》2011 年第 7 期。

刘西川、金铃、程恩江：《推进农村金融改革，扩展穷人信贷市场》，《中国农村经济》2006 年第 8 期。

龙方、杨重玉、彭澧丽：《粮食生产波动影响因素的实证分析》，《农业技术经济》2010 年第 9 期。

马九杰、沈杰：《中国农村金融排斥态势与金融普惠策略分析》，《农村金融研究》2010年第5期。

马彦丽、杨云：《粮食直补政策对农户种粮意愿、农民收入和生产投入的影响——一个基于河北案例的实证研究》，《农业技术经济》2005年第2期。

［孟加拉国］穆罕默德·尤努斯：《穷人的银行家》，吴士宏译，生活·读书·新知三联书店2006年版。

农业银行国际业务部课题组：《格莱珉：制度安排与运作模式》，《农村金融研究》2007年第10期。

钱贵霞、李宁辉：《粮食生产经营规模与粮农收入的研究》，《农业经济问题》2006年第6期。

钱水土、许嘉扬：《中国农村信贷与农民收入关系研究——基于面板协整和误差修正模型的实证分析》，《金融理论与实践》2011年第11期。

乔桂明：《农村经济发展与农村金融变革问题研究》，《农业经济问题》2002年第4期。

邱兆祥、王修华：《城乡统筹视野下金融协调发展对策研究》，《教学与研究》2011年第8期。

冉光和、温涛、李敬：《中国农村经济增长的金融约束效应研究》，《中国软科学》2008年第7期。

冉茂盛、张宗益、冯军：《中国金融发展与经济增长的因果关系检验》，《重庆大学学报》（自然科学版）2002年第3期。

陕西省银行经济研究室：《陕行汇刊》1940年第3期。

隋艳颖、马晓河、夏晓平：《金融排斥对农民工创业意愿的影响分析》，《广东金融学院学报》2010年第3期。

隋艳颖、马晓河：《西部农牧户受金融排斥的影响因素分析——基于内蒙古自治区7个旗（县）338户农牧户的调查数据》,《中国农村观察》2011 年第 3 期。

田杰、陶建平:《农村金融排除对城乡收入差距的影响——来自我国 1578 个县(市)面板数据的实证分析》,《中国经济问题》2011 年第 5 期。

田杰、陶建平:《农村金融密度对农村经济增长的影响——来自我国 1578 个县(市)面板数据的实证分析》,《经济经纬》2012 年第 1 期。

田杰:《我国农村金融排除研究》,博士学位论文,华中农业大学,2011 年。

田霖:《金融排斥:中原崛起的机遇与挑战》,《金融理论与实践》2007 年第 8 期。

田霖:《我国金融排除空间差异的影响要素分析》,《财经研究》2007 年第 4 期。

田霖:《我国金融排除二元性的空间差异与演变趋势(1978—2009)》,《金融理论与实践》2011 年第 3 期。

汪来喜:《以河南省为例对粮食生产中金融排斥化解的理论分析》,《农业经济》2010 年第 7 期。

王丹、张懿:《农村金融发展与农村经济增长——基于安徽省的实证研究》,《金融研究》2006 年第 11 期。

王磊玲:《陕西农村正规金融发展区域差异研究》,博士学位论文,西北农林科技大学,2011 年。

王梦遥:《农村金融形势分析与对策》,《开发研究》2009 年第 2 期。

王世颖:《我国历代之农业金融政策》,《中农月刊》1929 年第 2 期。

王世颖:《青苗钱——我国历史上的一个农业金融制度》,《中农月刊》1940 年第 4 期。

王伟、田杰、李鹏:《我国金融排除度的空间差异及影响因素分析》，《西南金融》2011 年第 3 期。

王晓颖：《社会排斥视角下中国农村小额信贷的困境》，《现代经济探讨》2007 年第 6 期。

王修华、曹琛、程锦、胡冠学：《中部地区农村金融排斥的现状及对策研究》，《河南金融管理干部学院学报》2009 年第 3 期。

王修华、邱兆祥：《农村金融排斥：现实困境与破解对策》，《中央财经大学学报》2010 年第 10 期。

王志军：《金融排斥：英国的经验》，《世界经济研究》2007 年第 2 期。

魏晃：《我国金融排斥问题研究》，硕士学位论文，厦门大学，2008 年。

温涛、冉光和、熊德平：《中国金融发展与农民收入增长》，《经济研究》2005 年第 9 期。

武巍、刘卫东、刘毅：《西方金融地理学研究进展及其启示》，《地理科学进展》2005 年第 4 期。

谢琼、方爱国、王雅鹏：《农村金融发展促进农村经济增长了吗?》，《经济评论》2009 年第 3 期。

谢欣：《金融排斥：英国和美国的经验》，《银行家》2010 年第 7 期。

徐少君、金雪军：《农户金融排除的影响因素分析——以浙江省为例》，《中国农村经济》2009 年第 6 期。

徐少君：《中国区域金融排除的研究》，博士学位论文，浙江大学，2008 年。

徐哲：《我国的金融排斥：形成、影响及对策》，《金融经济》2008 年第 6 期。

许圣道、田霖：《我国农村地区金融排斥研究》，《金融研究》2008 年第 7 期。

闫梅、黄金川、彭实铖:《中部地区建设用地扩张对耕地及粮食生产的影响》,《经济地理》2011 年第 7 期。

姚公振:《魏晋南北朝隋代农业金融》,《中农月刊》1944 年第 5、6 期。

姚耀军、和丕禅:《中国农村金融发展与经济增长(1978—2001)实证分析》,《西北农林科技大学学报》(社会科学版)2004 年第 6 期。

姚耀军:《中国农村金融发展与经济增长关系的实证分析》,《经济科学》2004 年第 5 期。

余新平、熊皛白、熊德平:《中国农村金融发展与农民收入增长》,《中国农村经济》2010 年第 6 期。

禹跃军、王菁华:《基于 VAR 模型的中国农村金融发展与农村经济增长关系研究》,《经济问题》2011 年第 12 期。

张博洋:《中国农村金融供给问题研究》,博士学位论文,南开大学,2009 年。

张建波、杨国颂:《我国农村金融发展与农村经济增长关系实证研究》,《山东大学学报》(哲学社会科学版)2010 年第 4 期。

赵洪丹:《中国农村金融发展与农村经济增长的关系——基于 1978—2009 年数据的实证研究》,《经济学家》2011 年第 11 期。

祝英丽、刘贯华、李小建:《中部地区金融排斥的衡量及原因探析》,《金融理论与实践》2010 年第 2 期。

Ameriks, J. and S. Zeldes, "How Do Household Portfolio Shares Vary with Age?" Working Paper, 2000.

ANZ, "A report on financial exclusion in Australia." Australia and New Zealand Banking Group Limited, 2004.

Beck T. and Levin R., Stock markets, banks and growth: panel evidence. NBER Working Paper Series No. 9082, Cambridge Mass: National Bureau of Economic Research, 2002.

Beck T. , A. Demirguc - Kunt and M. S. Martinez Peria, "Reaching Out: Access to and Use of Banking Services Across Countries", Journal of Financial Economics, Vol. 85, No. 1, 2007.

Carbo, S. and Gardener, E. P. and Molyneux, P. , Financial Exclusion, Palgrave MacMillan, 2005.

Cardak, B. and R. Wilkins, "The Determinants of Household Risky Asset Holdings: Australian Evidence on Background Risk and Other Factors", Journal of Banking and Finance, Vol. 33, 2009.

Chakrabarty K. C. , "Financial inclusion: concept, issues and roadmap", Insititute for Development and Research in Banking Technology, Working Paper, 2006.

Chant Link & Associates, A report on financial exclusion in Australia, ANZ Bank, 2004.

Christiansen, C. , J. Joensen and J. Rangvid, "Fiction or Fact: Systematic Gender Differences in Financial Investments?" SSRN Working Paper, 2009.

Claessens, S. , "Access to financial services: a review of the issues and public policy issues", World Bank Research Obserber, Vol. 21, 2006.

Connolly C. and Hajaj K. , "Financial services and social exclusion, report prepared for the Chiefly Research Centre", University of NSW, Sydney, 2001.

Corr C. , "Financial Exclusion in Ireland: An Exploratory Study & Policy Review", Dublin: Combat Poverty Agency, Research Series 39, 2006.

Dayson, K. , "Improving financial inclusion: the hidden story of how building societies serve the financially excluded", University of Salford, 2004.

Dymski, Gary A., "Financial Globalization, Social Exclusion and Financial Crisis", International Review of Applied Economics, Vol. 19, 2005.

Dymski, Gary A., "Financial Exclusion and the Global Transformation of Markets for Core Banking Services", Reported presented to United Nations Development Program, 2006.

European Commission, "Financial Services Provision and Prevention of Financial Exclusion. Directorate – General for EmploymentSocial Affairs and Equal Opportunities", Brussels: European Commission, 2008.

Feder Gershon, "On exports and economic growth", Journal of Development Economics, December 1982.

Financial Services Authority (FSA), "In or Out? Financial Exclusion: a Literature and Research Review", London: FSA, Consumer Research Paper 3, 2000.

Fuller, D., "Credit union development: financial inclusion and exclusion", Geoforum, Vol. 29, February 1998.

Gardener, T., Molyneux, P. and S. Carbo., "Financial exclusion: comparative experiences and developing research", The World Savings Bank Institute and The World Bank Conference on "Access to Fiance", Brussels, December 2004.

Gibson F., Financial & Consumer Credit Issues for Older Consumers in Central Victoria, School of Law La Trobe University, 2008.

Goldsmith R., Financial Structure and Economic Development, New haven: Yale University Press, 1969.

Guiso, L., P. Sapienza, and L. Zingales, "Trusting the Stock

Market", Journal of Finance, Vol. 63, 2008.

HM Treasury, Spending review: new public spending plans 2005 – 2008: stability, security and opportunity for all: investing for Britain's long – term future, July 2004.

Hogarth, J. and K. O'Donnell, "If You Build It, Will They Come? A Simulation of Financial Product Holdings among Low – to – Moderate Income Households", Journal of Consumer Policy, Vol. 23, 2000.

Hugh T. Patrick, "Financial Development and Economic Growth in Underdeveloped Countries", Economic Development and Cultural Change, Vol. 14, February 1966.

James F Devlin, "A detailed study of financial exclusion in the UK", Journal of Consumer Policy, No. 28, 2005.

Jerry Buckland and Wayne Simpson, Analysis of Credit Constraint and Financial Exclusion with Canadian Microdata, Working Paper, 2008.

Jianakoplos, N. and A. Bernasek, "Are Women More Risk Averse?", Economic Inquiry, Vol. 36, 1998.

Kempson, E. and Jones, T., Banking without branches, London: British Bankers Association, 2000.

Kempson, E. and C. Whyley, Kept In or Opted Out? Understanding and Combating Financial Exclusion, Bristol: Policy Press, 1999.

Kempson, E. and C. Whyley, "Understanding and Combating Financial Exclusion", Insurance Trends (The Association of British Insurers), No. 21b, 1999.

Kempson, E., McKay, S., and Collard, S., Incentives to save: encouraging saving amongst low – income households, Bristol:

Personal Finance Research Centre, 2005.

Leyshon, A. and Thrift, N., "The restructuring of the UK financial services industry in the 1990s: a resersal of fortune?", Journal of Rural Studies, September 1993.

Leyshon, A. and Thrift, N., "Access ot financial services and financial infrastructure withdrawal: problems and policies", Area, Vol. 26, 1994.

Leyshon, A. and Thrift, N., "Geographies of financial exclusion: financial abandonment in Britain and the United States Transactions of the institute of British Grographers", New Series, Vol. 20, 1995.

Leyshorn, A. and Thrift, N., "The restructuring of the UK financial services in the 1990s", Journal of Rural Studies, September 1993.

Mandira Sarma, "Index of Financial Inclusion", Working Paper, No. 215, 2008.

Mandira Sarma. "Index of Financial InclusionDiscussion Papers in Economics", May 2010.

McDonnell S., "Money Talks: Overcoming the financial exclusion problems faced by Indigenous Australians", A paper for the Australian Social Policy Conference 2003, UNSW, 2003.

McKinnon, R. I., Money and Capital in Economic Development, Washington D. C.: Brookings Institution, 1973.

Mruinde V., Emerging stock markets: a survey of leading issues. Discussion Paper Series in Financial and Banking Economics, Cardiff Business School, 1994.

Myrdal, G., Economic Theory and Underdevelopment Region, London: Gerald Duckworth, 1957.

Nathan, H. S. K. , S. Mishra and B. S. Reddy, An Alternative Approach to Measure HDI, IGIDR Working Paper WP – 2008 – 002, 2008.

Pagano M. , "The Flotation of Companies on the Stock Market: A Co – ordination Failure Model", European Economic Review, Vol. 36, 1993.

Peachery, S. and Roe, A. , Access to finance: a study for the world savings banks institute, Oxford: Oxford Policy Management, 2004.

Puri, M. and D. Robinson, "Optimism and Economic Choice", Journal of Financial Economics, Vol. 86, 2007.

Roy Morgan Research, ANZ Survey of Adult Financial Literacy in Australia, 2003.

Shaw, E. S. , Financial Deepening in Economic Development, New York: Oxford University Press, 1973.

Sherman Chan, Financial Exclusion in Australia, The Third Australian Society of Heterodox Economists Conference, University of New South Wales, 2004.

Sinclair, S. P. , Financial Exclusion: an introductory survey, Scotland: Heriot Watt University, Center for research into socially inclusive services, 2001.

Stiglitz, J. E. , "Credit markets and control of capital", Journal of Money, Credit and Banking, Vol. 17, February 1985.

Stiglitz, J. E. , The Role of the State in Financial Markets, in M. Bruno and B. Pleskovic (eds.). Proceedings of the World Bank Annual Conference on Development Economics, Washington D. C. : World Bank, 1998.

Stiglitz, J. E. , "Capital Market Liberalization, Economic Growth and Instability", World Development, Vol. 28, June 2000.

Treasury Committee, Banking the unbanked: banking services, the post offices card account and financial inclusion, 2005.

Treasury Committee, Financial inclusion: the roles of the government and the FSA and financial capitality. Twelfth Report of Session, HC53, July 2006.

Wallace, A. and Quilgars, D., Homelessness and financial exclusion: a literature review, Centre for Housing Policy, University of York, 2005.

World Bank, Banking the Poor: Measuring Bank Access in 54 Countries, Washington D. C. : The World Bank, 2008.

World Bank, Finance for All: Policies and Pitfalls in Expanding Access, Washington D. C. : The World Bank, 2008.

附　录

陕西省农村金融发展状况农户调查问卷

　　本调查问卷主要调研陕西农村地区农户金融的满足状况，调查数据将用于科学研究，调查数据将严格保密，请您放心填写，谢谢您的配合。

调查地点：＿＿＿＿省＿＿＿＿县＿＿＿＿镇＿＿＿＿村
村调查人：＿＿＿＿＿　调查时间：＿＿＿＿＿＿＿
填表说明：请您在认真阅读后按要求据实填写；在"＿＿＿＿"处或表格中填写相应内容；在您认为最适当的项目前的"□"里打"√"，若是多项选择题目中会有相应提示。
感谢您的大力支持与合作！

1. 性别：□男　□女
2. 年龄：＿＿＿＿岁
3. 民族：□汉族　□少数民族（请注明是哪个民族）＿＿＿＿
4. 受教育状况：□文盲　□小学　□初中　□高中　□大专及以上
5. 健康状况：□非常健康　□健康　□一般　□较差

□很差

6．您所在的家庭有＿＿＿＿口人

7．家庭中 60 岁以上老人的个数：□1 个　□2 个　□3 个　□4 个

8．家庭子女的个数：□1 个　□2 个　□3 个　□4 个
其中上小学＿＿＿个，上初中＿＿＿个，上高中＿＿＿个，上大学＿＿＿个

9．家庭宗教信仰：□不信教　□基督教　□天主教　□佛教　□其他＿＿＿

10．政治面貌：□中共党员　□共青团员　□群众

11．家庭拥有的耕地面积：＿＿＿＿亩，其中种植小麦＿＿＿＿亩，种植玉米＿＿＿＿亩，种植苹果＿＿＿＿亩，种植猕猴桃＿＿＿＿亩，种植蔬菜＿＿＿＿亩，种植＿＿＿＿（何种作物）＿＿＿＿亩

12．您的工作类型：□全职务农　□全职打工　□边打工边务农，务农时间可占工作时间的＿＿＿% □经商　□事业单位（如教师、医生等）　□政府单位

13．您的家庭年收入＿＿＿＿元，其中农业收入占总收入的＿＿＿%

14．您所居住的房屋的价值是＿＿＿＿元

15．您家庭是否有电脑：□有　□没有；如果有，是否安上宽带：□是　□否

16．您家庭中有几部手机和电话：□1 部　□2 部　□3 部　□4 部及以上

17．您是否为村干部：□是　□不是

18．您是否有亲戚或朋友在政府或金融机构工作：□是　□不是

19．您是否是当地种养大户或个体工商户：□是　□不是

20．您家与最近的金融机构的距离是＿＿＿＿公里

21. 您对您当地的金融机构所提供服务的满意程度：
□非常满意 □满意 □一般 □不太满意 □非常不满意

22. 您对贷款是否了解：□非常了解 □了解 □一般 □不太了解 □很不了解

23. 您近一年是否需要从外部借入资金满足需要：□是 □否

24. 您近一年是否从金融机构申请过贷款：□是，申请金额为____元 □否

25. 您近一年是否从金融机构获得过贷款：□是，获得金额为____元 □否

26. 如果您近一年向金融机构申请过贷款，并没有从金融机构获得贷款或仅获得部分贷款的最主要原因是（单选）：□您无法满足金融机构的抵押、担保条件，而没有获得贷款产品□贷款产品利率超出您的承受范围□贷款产品的期限、金额等不适合您的需求□您不懂贷款申请程序或认为自己申请贷款会被金融机构拒绝而直接放弃贷款□金融机构因为农户的诚信记录等问题直接拒绝农户的贷款申请

27. 如果您近一年没有向金融机构申请过贷款，原因是什么（可多选）：□不需要贷款 □金融机构贷款利率太高承受不起 □亲朋好友借款无利息或利率较低 □向金融机构贷款难度太大 □不清楚贷款的操作流程 □没有合适的抵押品或担保品

28. 如果您近一年获得过贷款，给您提供贷款的金融机构为：□农村信用社 □农村商业银行 □农村合作银行 □中国农业银行 □中国农业发展银行 □村镇银行 □小额贷款公司 □其他_____

29. 您申请贷款的用途是：□扩大种植规模 □扩大养殖规模 □建房 □经商 □婚丧嫁娶 □购买耐用消费品（如汽车、农机具等） □子女上学 □疾病治疗 □其他

30. 如果您向金融机构申请贷款却没有获得审批，您通过什么途径满足资金需求：□放弃借款　□亲友借款　□高利贷

31. 您有没有储蓄存款：□有　□没有

32. 您是否需要储蓄产品和服务：□需要　□不需要

33. 您的储蓄需求是否能够得到满足：□能　□不能

34. 您能否从金融机构获得自己需要的储蓄产品和服务：□能　□不能

35. 您不能获得自己需要的储蓄产品和服务的最主要原因是：□金融机构提供的储蓄产品利率太低，而选择其他投资方式　□您对金融机构不信任而没有选择使用储蓄产品　□您到达金融机构不方便而放弃选择储蓄产品　□金融机构提供的金融产品不适合农户的需要，而使农户放弃选择储蓄产品

36. 您选择储蓄产品的主要目的是：□保障资金安全　□保值与增值　□子女婚嫁准备　□养老金储备　□做生意的资本来源　□子女上学　□治疗疾病　□其他

37. 您对保险产品是否了解：□非常了解　□了解　□一般　□不太了解　□很不了解

38. 您近一年是否从金融机构申请过保险产品：□是，申请何种保险＿＿＿＿＿＿　□否

39. 您近一年是否从金融机构购买过保险产品：□是，购买何种保险＿＿＿＿＿＿　□否

40. 您近一年没有购买过保险产品的原因是（如已购买，请不要填写；可多选）：　□对保险产品不了解　□对保险产品不信任　□没有合适的保险产品　□保险产品的价格超出自己的承受范围　□保险产品的盈利能力过低　□不需要保险产品

41. 您对基金产品是否了解：□非常了解　□了解　□一般　□不太了解　□很不了解

42. 您近一年是否从金融机构申请过基金产品：□是，申请何

种基金_____　　□否

43．您近一年是否从金融机构购买过基金产品：□是，购买何种基金_____　　□否

44．您近一年没有购买过基金产品的原因是（如已购买，请不要填写；可多选）：　□对基金产品不了解　□对基金产品不信任　□没有合适的基金产品　□基金产品的价格超出自己的承受范围　□基金产品的盈利能力过低　□不需要基金产品

45．您对证券产品是否了解：□非常了解　□了解　□一般□不太了解　□很不了解

46．您近一年是否从金融机构申请过证券产品：□是，申请何种证券_____　　□否

47．您近一年是否从金融机构购买过证券产品：□是，购买何种证券_____　　□否

48．您近一年没有购买过证券产品的原因是（如已购买，请不要填写；可多选）：　□对证券产品不了解　□对证券产品不信任　□没有合适的证券产品　□证券产品的价格超出自己的承受范围　□证券产品的盈利能力过低　□不需要证券产品

49．您对理财产品是否了解：□非常了解　□了解　□一般□不太了解　□很不了解

50．您近一年是否从金融机构申请过理财产品：□是，申请何种理财_____　　□否

51．您近一年是否从金融机构购买过理财产品：□是，购买何种理财_____　　□否

52．您近一年没有购买过理财产品的原因是（如已购买，请不要填写；可多选）：　□对理财产品不了解　□对理财产品不信任　□没有合适的理财产品　□理财产品的价格超出自己的承受范围　□理财产品的盈利能力过低　□不需要理财产品

53．您是否信任金融机构：□非常信任　　□信任　　□一般

□不太信任　□非常不信任

54. 您对您以后的发展是否乐观：□非常乐观　□乐观　□一般　□不太乐观　□非常不乐观

55. 您是否愿意尝试具有较大风险，但成功收益较大的产品或行业：□非常愿意　□愿意　□一般　□不太愿意　□非常不愿意

56. 如果您有困难，亲朋好友是否愿意向您伸出援手：□非常愿意　□愿意　□一般　□不太愿意　□非常不愿意